상한 심령의 치유

2

| 김한기 지음 |

쿰란출판사

머리말

먼저 하나님께 모든 영광을 올려 드립니다.

주님의 부르심을 받고 예수님과 동행한 세월이 벌써 30여 년이 훌쩍 지났습니다.

그동안 하나님께서 부족한 종에게 치유의 은사를 주셔서 많은 아픈 분들을 섬길 수 있는 은혜를 주셨습니다.

고통과 아픔을 믿음으로 이겨 나가며 승리한 그들을 보면서 사역에 힘을 낼 수 있었고, 17개국의 선교 현장 곳곳에서 질병으로 고통 받던 분들이 주님의 사랑으로 치유 받게 하심도 기쁨과 보람이 되었습니다.

경기도 성남 고등동 비닐하우스 성전의 지붕이 새어 방바닥에 놓아둔 물받이 그릇에 떨어지던 빗소리가 천상의 찬양으로 들리던 그때의 그 감동이 아직도 생생합니다.

그 후로 주님께서 은혜를 베푸시어 '강남은혜교회'와 '치유선교센터', 경기도 광주 '은혜성산교회', 춘천에 '엘림수양관'과 '새생명교회'를 맡겨 주셨습니다.

그리고 30여 년 동안의 치유사역을 통한 영적 경험과 기적의 역사를 '크리스천TV C채널 방송 100회 기념'《상한 심령의 치유》라는 제목으로 100편의 방송설교 내용을 담아 출판하게 되었습니다.

부족한 점이 많지만 아무쪼록 이 책이 그동안 함께했던 치유 받은 분들과 저를 도와준 동역자들 그리고 독자 여러분께 성령의 기름 부음이 넘쳐 귀한 은혜와 사랑의 나눔이 되기를 바랍니다.

나아가 가정이 깨지고 신뢰가 사라져 가슴 아픈 일들이 많지만 누구 하나 속 시원히 해결해 주지 못하는 현실 속에서 믿음으로 나아갈 길을 인도해 주는 등불 같은 친구가 되기를 소망합니다.

2018년 9월
춘천 엘림수양관에서
김한기 목사

목차

❋ 머리말	2
1. 잠재된 마음의 상처 _ 딤후 4:16	8
2. 행복한 만남의 축복 _ 창 24:61–66	15
3. 허물을 덮어 주는 사랑 _ 창 9:20–27	21
4. 두려움을 위한 기도 _ 시 3:1–8	28
5. 믿음으로 인한 평안 _ 시 4:1–8	35
6. 버림받은 자의 기도 _ 시 22:1–19	42
7. 영혼 건강의 보약 _ 요 16:31–33	49
8. 환난을 통한 회복 _ 시 25:16–22	55
9. 위기를 극복하라 _ 렘 29:10–14	62
10. 평안과 건강 _ 막 5:25–341	68
11. 믿는 자의 축복 _ 시 40:1–5	75
12. 내 영혼의 피난처 _ 시 57:1–7	82
13. 낙심치 말고 기도합시다 _ 눅 18:1–8	89
14. 고치시고 도우시는 하나님 _ 시 30:1–12	96
15. 부정적인 말과 생각 _ 롬 8:8–9	103
16. 고통과 기쁨의 십자가 _ 히 12:2	109

17.	현재와 미래의 행복 _ 약 4:14	115
18.	비난보다는 칭찬 _ 마 7:1-2	122
19.	빛과 어둠의 영적 원리 _ 요 12:46	129
20.	위기를 기회로 _ 렘 29:10-14	136
21.	회개와 자책감의 분별 _ 고후 7:10	144
22.	분노 조절 _ 잠 16:32	151
23.	자기 비하는 미래가 없다 _ 시 51:10	158
24.	하나님의 사랑과 치유 _ 시 46:1	165
25.	악의 근원 _ 엡 4:26-27	172
26.	건강한 신앙생활 _ 잠 4:20-27	179
27.	생각을 분별하라 _ 요 13:2	186
28.	억압된 자유의지 _ 마 18:18	193
29.	치유하시는 하나님 _ 출 15:26	200
30.	치유의 권능 _ 마 10:1	207
31.	성인 아이의 치유 _ 고전 13:11	214
32.	자만심의 치유 _ 고후 12:7	220

33. 염려 불안의 치유 _ 마 6:25-34	*226*
34. 건강한 생각과 마음 _ 잠 4:22-23	*233*
35. 악감은 버리고 삽시다 _ 삼상 18:7-8	*239*
36. 잠재된 부정적인 생각 _ 마 12:35	*245*
37. 자기방어 선택권 _ 갈 6:7-8	*251*
38. 욕심의 감옥 _ 약 1:14-15	*257*

상한 심령의
치유 2

1
잠재된 마음의 상처

딤후 4:16

"내가 처음 변명할 때에 나와 함께한 자가 하나도 없고 다 나를 버렸으나 그들에게 허물을 돌리지 않기를 원하노라."

● ✝ ●

　수원 근교에 만두집을 개업한 부부가 있었습니다. 그런데 만두집 개업 3개월 만에 이상한 사실을 알게 되었습니다. 매주 월요일 2시만 되면 어김없이 만두가게에 나타나는 할아버지와 할머니가 계셨습니다. 시간이 지나면서 만두집 부부는 그 두 분에게 관심을 가지게 되었습니다. 두

분의 관계가 심상치 않아 보였기 때문입니다. 서로 바라보는 표정이나 석연치 않은 점이 한두 가지가 아니었습니다. 대개는 할아버지가 먼저 오는 편이지만 비나 눈이 오는 궂은날에는 할머니가 먼저 와서 구석 자리에 앉아 출입문을 바라보면서 초조하게 기다리곤 했습니다.

만두집 부부는 그 할아버지와 할머니가 부부지간이 아니라 나이 들어 서로 좋아하는 사이라고 판단을 내렸습니다. 만약 부부라면 매번 따로 만두집에 나타날 리도 없고, 만날 때마다 그처럼 서로 애절하게 쳐다보다가 헤어질 리가 없을 거라고 생각했습니다. 그래서 그들은 할아버지 할머니 관계를, 예전에 좋아하던 첫사랑의 관계라고 잠정 결론을 내렸습니다. 몸은 늙어도 사랑은 늙지 않는 법이기에 나이 들어 우연히 재회한 친구 같은 커플로서 이룰 수 없었던 사랑의 아쉬움을 나누는 것이라고 생각한 것입니다.

그러던 어느 월요일, 그날따라 할머니의 안색이 영 좋지 않아 보였습니다. 병색이 완연했습니다. 할아버지가 만두 하나를 집어 할머니에게 권했지만 할머니는 고개를 떨구고 눈물만 흘리고 있었습니다. 기침을 심하게 하시던 할머니는 할아버지의 손을 붙들고 일어나 할아버지의 품에 안겨 곧 쓰러질 듯이 휘청거리며 걸어가셨습니다. 할머니의 뒷모습이 왠지 자신의 부모를 생각나게 하는 것처럼 가슴 아프게 보였습니다.

그런데 그날 이후로 할아버지와 할머니의 발길이 끊어지고 말았습니다. 그집 부부는 그다음 월요일도, 그다음 월요일도 오지 않는 할아버지와 할머니의 소식이 궁금하기 짝이 없었습니다. 그러나 연락처를 모르는 그들로서는 어쩔 도리가 없었습니다.

그로부터 3개월 지난 어느 월요일 오후 2시, 할아버지가 문을 열고 들어섰습니다. 부부는 너무 반가웠습니다. 그러나 할아버지의 모습이 예전과는 달리 몹시 초췌해 보였고 진심으로 반가워하는 부부를 향해 할아버지가 답례로 보인 웃음은 울음보다 더 슬퍼 보였습니다.

만두집 부인이 물었습니다. "할머니도 곧 오시겠지요?" 할아버지는 고개를 가로 저으며 "그 할망구, 죽었다오!" 했습니다. 그 말에 만두집 부부는 너무 놀랐습니다.

할아버지는 이어 "사실 그 할망구 생각이 나서 초상 치르고 이곳에 찾아온 거요……" 하면서 그 사연을 털어놓았습니다.

할아버지와 할머니는 그들이 생각했던 것처럼 첫사랑의 관계가 아니라 어엿한 부부지간이었습니다. 그런데 할아버지는 서울에 있는 둘째 아들 집에서, 할머니는 수원에 있는 큰아들 집에서 각각 떨어져 살아야만 했습니다. 두 분의 사이가 나빠서가 아니라 자식들이 싸운 결과였습니다. 큰며느리가 다 같은 며느리인데 자기 혼자 시부모를 모두 모실 수 없다고 강경하게 나서자 아들들이 공평하게 돌아가면서 모시자고 하여 결정을 본 것입니다. 그 결정에 따라 할아버지는 서울 둘째 아들집에 갔으나 할머니는 죽어도 큰아들 집에서 죽겠다며 계속 수원에서 버티고 있었습니다. 그 일로 인하여 큰아들 부부간의 사이도 좋지 않았고, 할머니 역시 우울증세로 불면증과 소화불량으로 위장병으로 고생하시다가 급기야 3개월 전 그날 이후에 돌아가신 것입니다.

그래서 매주 월요일 2시에 떨어진 부부가 견우 직녀처럼 일주일에 한 번씩 만나 온 것이었습니다. 할아버지 역시 할머니가 돌아가신 이후로 자기 자신도 마음이 상해 심화병으로 얼마 살지 못할 것 같다면서 다음과 같은 말로 자기의 이야기를 끝을 맺었습니다.

"이제 나만 죽으면 돼. 천국에서는 같이 만나 살 수 있을 거야……."

이것은 남의 이야기가 아니라 심심찮게 주위에서 들을 수 있는 이야기입니다. 비단 이런 얘기뿐만 아니라 살아가면서 서로 사랑해야 할 인간관계에서 서로 사랑하지 못하고 마음의 상처를 주고받음으로 인하여 생기는 불행한 사건이 한두 가지가 아니라는 사실을 우리는 잘 알고 있습니다.

마음의 상처는 행복한 삶을 파괴시키고 건강한 삶을 죽음으로 내몰 수가 있습니다. 마음에 받은 상처를 잘 다스리고 치유 받아 건강하고 행복한 삶을 살아야 하겠습니다.

본문 말씀에 나오는 바울이 받은 마음의 상처는 무엇입니까? 4장 10절을 보면 "데마는 이 세상을 사랑하여 나를 버리고 데살로니가로 갔고 그레스게는 갈라디아로, 디도는 달마디아로 갔고"라고 했습니다. 함께 늘 있을 줄 알았던 사람들이 등을 돌리고 자기를 떠나는 배신의 아픔을 겪었던 바울입니다.

바울이 받은 상처는 이것만이 아닙니다. 알렉산더라는

사람의 대적과 악행이 그를 가슴 아프게 했습니다. 14절을 보면 "구리 세공업자 알렉산더가 내게 해를 많이 입혔으매 주께서 그 행한 대로 그에게 갚으시리니"라고 했습니다. 알렉산더라는 세공업자는 교인이 되어 교회를 섬겼는데 교회 안에서 사사건건 사고를 치고 말썽만 일으켰던 탓으로 제명된 사람입니다.

15절을 보면 디모데에게 "너도 그를 주의하라 그가 우리 말을 심히 대적하였느니라"고 했습니다. 오죽하면 일기장도 아닌 성경에 이름까지 거명하면서까지 주의를 했겠습니까? 그만큼 받은 상처가 깊고 컸다는 것을 알 수 있습니다.

그러나 바울은 이런 모든 아픔을 잊고 오늘 본문 16절에 "그들에게 허물을 돌리지 않기를 원하노라"고 고백하고 있습니다. 우리는 나를 괴롭히는 사람이 있다면 미워하고 원망하고 분노하며 감정 대립으로 맞서지만 바울의 신앙은 그렇지 않았습니다.

17절을 보면 "주께서 내 곁에 서서 나에게 힘을 주심은……사자의 입에서 건짐을 받았느니라"고 했고, 18절에서는 "주께서 나를 모든 악한 일에서 건져내시고"라고 했습니다.

이 말씀을 보면서 우리는 두 가지 사실을 주목해야 합니다. 하나는 주께서 곁에 서서 지켜 주신다는 것입니다. 또 하나는 모든 악한 일에서 건져 주신다는 것입니다. 즉 해를 입지 않게 하신다는 것입니다.

그것이 바울 사도의 신앙 고백입니다. 잠재되어 있는 마음의 깊은 상처가 있습니까? 우리도 주님께 의지하고 위로받는 신앙인이 됩시다.

2017. 8. 4.

2
행복한 만남의 축복

창 24:61-66

"리브가가 일어나 여자 종들과 함께 낙타를 타고 그 사람을 따라가니 그 종이 리브가를 데리고 가니라 그 때에 이삭이 브엘라해로이에서 왔으니 그가 네게브 지역에 거주하였음이라 이삭이 저물 때에 들에 나가 묵상하다가 눈을 들어 보매 낙타들이 오는지라 리브가가 눈을 들어 이삭을 바라보고 낙타에서 내려 종에게 말하되 들에서 배회하다가 우리에게로 마주 오는 자가 누구냐 종이 이르되 이는 내 주인이니이다 리브가가 너울을 가지고 자기의 얼굴을 가리더라 종이 그 행한 일을 다 이삭에게 아뢰매"

이민 교회 목회 당시 본 교회를 다니던 청년들의 결혼 이야기입니다. 미국에서 음악을 전공한 교포 자매가 교회에서 만난 한국 유학생 청년과 마음이 통해서 6개월 정도 교제하다가 결혼까지 생각하게 되었습니다. 저에게 두 사람이 찾아와 결혼하면 어떻겠느냐고 물어 보면서 주례를 서

줄 것을 요청했습니다.

먼저 "부모님이 승낙하더냐" 하니까 그들은 자기 둘이 좋으면 부모도 승낙할 것이라고 했습니다. 두 번째로 "서로 잘 알고 결혼하느냐"고 물었습니다. 그러자 두 사람이 이런 질문에 실망하면서, 결혼하려고 할 때는 잘 알고 하는 것인데 당연한 것을 왜 묻느냐 하는 시큰둥한 반응들이었습니다.

그러나 저는 개의치 않고 상대를 잘 알고 결혼해야 나중에 후회하지 않는다는 것을 재차 강조했습니다. 우리가 평생 살아도 배우자를 잘 모르는 경우가 있는데 쉽게 만나 결혼이라는 인생의 최대 중대사를 쉽게 생각하면 반드시 어려움이 따를 것이라는 설명을 추가로 해주었습니다.

그러자 그 자매가 기다렸다는 듯이 형제의 집안 배경을 설명하면서 은근히 자랑하는데, 형제의 아버지가 사업에 크게 성공하여 지금 한국에서 아주 부자로 산다는 것입니다. 그리고 남자친구가 잘생긴 미남인 데다가 돈 잘 쓰고, 인기 많고, 좋은 대학 다니고, 자기에게 잘해 주니 뭐 더 알아볼 것이 있느냐는 것입니다.

그다음 세 번째로 질문한 것이 양쪽 집안의 신앙관이었

습니다. 자매는 장로님의 딸로 기억하는데 남자 쪽의 집안의 신앙은 없다고 했습니다. 형제는 미국에 들어와 보니 믿는 사람들이 많아서 자기도 교회에 나오게 되었다면서, 결혼하면 자기 집안을 전도하겠다는 말을 하였습니다.

결과적으로 세 가지 질문에 아무 대답도 듣지 못했습니다. 마음으로는 내키지 않았지만 서로 사랑하고 서로 만난 것을 기뻐하며 교회에서 만났으니 하나님의 뜻이라고 하니, 저 역시 좋은 것이 좋다는 생각을 했습니다. 그래서 두 사람이 이왕 만났으니 좋은 만남이 되기를 바라고 축복받는 결혼생활이 되기를 바라면서 주례를 서 줄 것을 약속하였습니다.

그 후 본인들의 주장처럼 자식 이기는 부모가 없듯이 양가가 승낙하여 미국 현지에서 결혼을 서둘러 하게 되었습니다. 결혼 후 미국에서 첫아이를 낳은 뒤 유학 생활을 접고 한국으로 들어갔는데 문제는 여기서부터 시작이 되었습니다. 막상 한국에 가 보니 생각했던 것과는 많이 달랐습니다. 시가가 돈은 많고 살기는 잘사는데 돈 많은 시아버지가 이중 생활을 하고 있었고, 시어머니는 그로 인하여 우울증에 시달리고 있었습니다. 또 시아버지의 성격이 보통이 아니었습니다. 괴팍하고 폭언과 폭행을 일삼는, 정서적으로 이상이 있는 성격장애자였습니다.

아버지는 귀국한 아들에게 60평 짜리 고급 아파트를 사 주고 회사에 나와 일을 돕도록 명령했습니다. 신랑은 늘 아버지를 수행하고 다닌다는 핑계로 결혼 당시 약속한 교회는 뒷전이고, 회사 일로 술에 취해 들어오고 외박이 잦았습니다. 그때서야 잘못된 만남이라는 것을 깨닫고 결혼 전제가 했던 질문의 의미를 알게 되었다고 했습니다.

결국 만 3년 만에 남편의 바람으로 서로 불신하다가 이혼하고 다시 친정인 미국으로 돌아온 그녀가 때 아닌 후회로 눈물을 흘리며 하나님께 회개하는 것을 보았습니다. 왜 믿는 사람은 믿음의 가정을 선택하여야 하는지 그 이유는 결혼 생활을 해 보지 않으면 알 수 없는 일들입니다.

누구든지 상대를 잘 만나면 행복하고, 잘못 만나면 불행합니다. 부부가 됐든, 친구가 됐든, 이웃이 됐든 그 적용은 같습니다. 창세기 24장에 나오는 이삭과 리브가의 만남을 통하여 어떤 만남이 좋은 만남이고 축복인지를 알아보도록 하겠습니다.

첫째, 좋은 가문의 만남이어야 합니다.

〈가문의 영광〉이라는 영화가 인기리에 상영된 적이 있습니다. 조폭 보스의 가정이 어떻게 하든지 명문 가문으로 변신하기 위하여 집안 좋은 검사 가문과 인연을 맺기 위하여 별별 수단과 방법을 다 동원하는 코미디 영화입니다. 이와 같이 만남은 두 사람만의 만남이 아니라 집안 즉 가문의 만남입니다.

본문 3절을 보면 "이 지방 가나안 족속의 딸 중에서 내 아들을 위하여 아내를 택하지 말고"라고 했고, 4절에는 "내 고향 내 족속에게로 가서 내 아들 이삭을 위하여 아내를 택하라"고 했습니다. 이것은 가나안 족속의 이방 여자와 결혼하지 말라는 하나님의 뜻이었고, 또 하나는 잘 알고 결혼을 해야 나중에 행복한 만남이 된다는 의미입니다.

연애나 교제는 감정만으로 가능하지만 결혼은 삶 자체이기 때문에 철저한 이성적 검증을 거쳐야 합니다. 바로 그런 점을 아브라함이 고려해 고향 처녀를 원했던 것입니다.

둘째, 신앙적인 만남이어야 합니다.

앞에서 말씀 드린 대로 서로 신앙이 맞지 않으면 결혼

생활 중 갈등이 많고 서로 뜻이 맞지 않아 화합하기가 어렵습니다. 아브라함도 기도한 후 종을 보냈고, 심부름 떠난 종도 하나님의 은혜를 바라며 기도했고, 이삭도 기도하면서 신붓감을 기다렸습니다.

부부란 같은 신앙 공동체여야 합니다. 함께 찬송하고, 함께 기도하고, 함께 교회 나올 때 행복한 것입니다. 서로 싸우고 다투고 갈등이 있으면 하나님 앞에 나오지 못합니다. 그러므로 함께 신앙생활을 해야 하나님 앞에 갈등이 해소되고 행복한 가정을 꾸려 나갈 수 있습니다. 혹 나의 인생, 나의 만남이 불행하다고 생각하는 분이 있으면, 행복한 만남으로 바꾸어 주시고 축복하시는 예수 그리스도를 만나시길 바랍니다.

예수 만난 가정은 다 운명이 바뀌고, 고통을 이기고 삶을 새롭게 해주시는 역사를 체험할 수 있습니다. 행복한 좋은 만남의 가정이 이루어지길 바랍니다.

2017. 8. 11.

3
허물을 덮어 주는 사랑

창 9:20-27

"노아가 농사를 시작하여 포도나무를 심었더니 포도주를 마시고 취하여 그 장막 안에서 벌거벗은지라 가나안의 아버지 함이 그의 아버지의 하체를 보고 밖으로 나가서 그의 두 형제에게 알리매 셈과 야벳이 옷을 가져다가 자기들의 어깨에 메고 뒷걸음쳐 들어가서 그들의 아버지의 하체를 덮었으며 그들이 얼굴을 돌이키고 그들의 아버지의 하체를 보지 아니하였더라 노아가 술이 깨어 그의 작은아들이 자기에게 행한 일을 알고 이에 이르되 가나안은 저주를 받아 그의 형제의 종들의 종이 되기를 원하노라 하고 또 이르되 셈의 하나님 여호와를 찬송하리로다 가나안은 셈의 종이 되고 하나님이 야벳을 창대하게 하사 셈의 장막에 거하게 하시고 가나안은 그의 종이 되게 하시기를 원하노라 하였더라."

부부간에 갈등과 고민이 많은 어느 성도가 저에게 편지를 보내 왔습니다. "저는 40세 남편은 45세로, 슬하에 16세

된 아들과 14세 된 딸을 두고 있는 평신도 주부입니다. 중학교 때 우연찮게 친구를 따라 나갔던 계기로 지금까지 꾸준히 신앙생활을 하고 있습니다" 하는 내용으로 시작된 그녀의 사연은 다음과 같습니다.

서로 배운 것이 없는 부부로서, 그 성도님은 봉제 공장에서 미싱 일을 하였고, 남편은 포장부에서 포장 일을 하다가 만나게 되었다는 것입니다. 남편은 평소 술을 많이 마시고 담배도 많이 피웠습니다. 신앙생활과는 거리가 먼 사람이었는데 결혼 생활을 하면서 교회에 출석하게 되었습니다. 그러면서도 악습을 버리지 못하고 교회를 다니고 있다고 합니다.

"우리 부부는 처음부터 무언가 잘못된 것 같습니다"라고 말하며, 나쁜 습관을 고치지 못하고 교회 안수집사로 이중적인 생활을 하는 그를 경멸하고, 남편 역시 자기를 보면 '재수 없다. 마귀 같다. 보기 싫다'는 말을 함부로 한다고 했습니다.

최근에 이런 일로 서로 멸시하고 무시하며 원수같이 대하며 살고 있으며, 어디서부터 잘못되었는지 그 원인도 알 수 없고 잠자리도 함께하지 않는 현실에 도달하여, 아무리 생각해도 더 이상 건너지 못할 강을 건너온 기분으로 살고 있다는 것입니다.

남편은 몸이 약한데 술 담배를 계속하니 아내로서 화가 나서 "이제 그 못된 습관을 버리라"고 했다가 '내 몸 약한 것은 여편네를 잘못 만나 그렇다'면서 아내를 때려서 고막이 나갔다고 했습니다. 그래서 참다못해 경찰을 불렀더니, 경찰이 한 번만 더 때리면 폭행으로 구속하겠노라 하고 간 이후부터는 손찌검이 없어진 반면에 툭하면 경찰을 불렀다고 핍박하거나 얼굴에 침을 뱉는 등 심한 모멸감을 주는 일이 허다하다고 했습니다. 내용은 계속 이어졌습니다.

"너무나 속이 터져 저 역시 그의 무능함을 조목조목 따지면서 대항하지 않으면 병이 날 것 같습니다. 한 달 전의 일입니다. 큰아들의 성적표를 본 남편은 아이가 성적이 형편없이 떨어진 것을 보고 '이 새대가리 같은 놈, 니 어미 닮아서 그렇다'면서 야단을 치는 것을 보고 화가 나서 '당신은 학교 문 앞이라도 가봤느냐'면서 홧김에 '나는 고등학교라도 나왔지' 하면서 그의 자존심을 건드리는 바람에 온 집안이 다 부서지는 사건도 있었습니다.

문제는 그다음입니다. 우리 부부는 배운 것이 없고 봉제 공장에서 배우고 익힌 경험과 기술을 가지고 세탁소를 차렸습니다. 하나님의 축복으로 영업은 그런 대로 잘되는 편이었는데, 남편이 화가 나서 도와주지 않으니까 단골을 옆 가게에 다 빼앗기고 있는 실정이며, 이제는 서로 말도 하지 않는 그런 처지에 놓여 있습니다. 우리는 서로 탓을 하고 서로 허물을 들추어냅니다. 교회에 가서는 속으로 이래서는 안 되겠다 싶어 회개는 하지만 막상 남편을 보면 존경이 가지 않고 왜 그렇게 무시하고 싶고 경멸하고 싶은지 모르겠습니다."

부부간에 성격이 맞지 않으면 불행한 삶이 됩니다. 저는 두 분 다 히스테리컬한 성격장애를 가진 부부라고 봅니다. 두 분 다 속에 잠재되어 있는 내면의 분노와 사랑의 결핍증이 그 원인일 것입니다. 다행스러운 것은 두 분이 그래도 교회에 출석하고 있다는 사실 하나만으로도 문제의 비상구가 열려 있다는 것입니다. 말씀 가운데 은혜를 받고 서로 허물을 감싸 주는 사랑만이 해결의 열쇠라고 봅니다.

본문을 보면 대홍수 심판이 끝난 후 어느 날 노아가 포도주에 취하여 벌거벗고 잠을 자고 있었습니다. 그 모습을 본 둘째 아들 함이 밖으로 뛰쳐나가 다른 형제들에게 떠들어 댔습니다. 그러자 장자 셈과 셋째 아들 야벳은 옷을 취한 후 뒷걸음으로 들어가 아버지의 하체를 덮어 주고 나왔다는 것이 본문의 줄거리입니다.

술은 좋은 점이 하나라면 나쁜 점이 아흔아홉 가지입니다. 원자력 암센터에서 발표한 보고서에 따르면, 술은 구강암, 인후암, 식도암의 위험을 몇 십 배나 증가시킨다고 합니다. 특히 담배를 피우면서 술을 마시면 그 외 폐암, 위암, 간암의 위험요소도 추가될 뿐 아니라 거기서 또 암에 걸릴 확률이 몇 배나 증가한다는 것입니다.

여기서 우리는 가족 간의 허물을 어떻게 해야 하는가 하는 교훈을 얻을 수 있습니다.

첫째, 함의 태도를 봅시다.

22절을 보면 "가나안의 아버지 함이 그의 아버지의 하체를 보고 밖으로 나가서 그의 두 형제에게 알리매"라고 했습니다. 대부분의 성경학자들은 '함의 이런 태도'는 자식의 도리가 아니라고 합니다. 함은 아버지의 수치를 보며 즐긴 것입니다. 그리고 형제에게 고했다는 것은 그냥 고했다는 것이 아니라 '떠벌렸다, 공개했다, 일렀다'는 뜻입니다. 우리는 가족 간이나 부부간에 서로 흉허물을 감싸 주고 사랑해야 합니다.

둘째, 셈과 야벳의 태도를 봅시다.

23절을 보면 두 사람의 태도가 나옵니다.

"옷을 가져다가 자기들의 어깨에 메고 뒷걸음쳐 들어가서 그들의 아버지의 하체를 덮었으며 그들이 얼굴을 돌이키고 그들의 아버지의 하체를 보지 아니하였더라."

두 가지 태도를 주목해야 합니다. 덮어 주었고 보지 않았다는 것입니다.

셋째, 그 결과는 무엇입니까?

24절을 보면 잠에서 깨어난 노아가 그 일을 알게 됩니다. 그리고 25절을 보면 함에게 "저주를 받아 그의 형제의 종들의 종이 되기를 원하노라"고 했습니다. 덮어 주고 사랑으로 그 허물을 가리는 자는 축복을 받게 되어 있습니다.

가정이 무엇입니까? 험한 세상의 비바람을 피하고 함께 사랑을 나누며 행복한 삶을 살 수 있는 가족 공동체입니다. 그곳에 서로 비방하고 탓하고 불미스러운 폭언이 난무한다고 생각해 보십시오. 그래서 가정은 서로 덮어 주고 상처를 싸매 주고 위로를 받을 수 있는 쉼터요 안식처가 되어야 행복의 샘이 솟게 됩니다. 행복의 샘이 솟아나는 가정이 되기를 주의 이름으로 축원합니다.

2017. 8. 25.

4
두려움을 위한 기도

시 3:1-8

"여호와여 나의 대적이 어찌 그리 많은지요 일어나 나를 치는 자가 많으니이다 많은 사람이 나를 대적하여 말하기를 그는 하나님께 구원을 받지 못한다 하나이다(셀라) 여호와여 주는 나의 방패시요 나의 영광이시요 나의 머리를 드시는 자이시니이다 내가 나의 목소리로 여호와께 부르짖으니 그의 성산에서 응답하시는도다(셀라) 내가 누워 자고 깨었으니 여호와께서 나를 붙드심이로다 천만인이 나를 에워싸 진 친다 하여도 나는 두려워하지 아니하리이다 여호와여 일어나소서 나의 하나님이여 나를 구원하소서 주께서 나의 모든 원수의 뺨을 치시며 악인의 이를 꺾으셨나이다 구원은 여호와께 있사오니 주의 복을 주의 백성에게 내리소서(셀라)."

● ✝ ●

영성 세미나에 참석하는 어떤 집사님이 눈물을 펑펑 흘리면서, 이제는 마음을 고쳐먹고 제대로 한번 잘살아 보려고 하는데 그것이 잘 안 된다면서 심하게 자학하며 괴로워하는 것을 보았습니다. 이분은 원래 믿음이 없었는데 부인 따라 교회에 다닌 지가 10년이 넘은 분입니다. 10년 교회 생활은 했지만 등록만 하고 기분 내키는 대로 다니다가 최근에서야 은혜를 받고 신앙생활을 열심히 하려는 마음을 가지고 난생처음 교회에 자원하여 차량 봉사를 하게 되었습니다.

그동안 자기 마음대로 신앙생활을 하다가 큰 은혜를 받고 마음의 감동으로 봉사하게 되었지만, 그의 중심은 아직 영적이기보다는 육적이기에 자기감정을 믿음으로 다스리기에는 역부족이었습니다. 그러다 보니 차를 이용하는 성도들과 사소한 의견 차이로 계속 부딪치다가 어느 날 우려하던 사고가 터져 버렸습니다. 자기와 비슷한 믿음과 혈기를 가진 집사와 급기야 몸싸움이 벌어졌고, 담임목사님으로부터 "집사님, 당분간 차량 봉사를 쉬었으면 좋겠습니다"라는 권고를 받았다고 합니다.

자기는 아무리 생각해도 이해가 가지 않는 것이 있다고 했습니다. 그것은 자기 기분대로 믿음 생활을 할 때는 교회 나와도 누구와 부딪칠 일이 없었는데 봉사를 하고부터는 왜 그렇게 속상한 일이 많고 사람들이 자기를 대적하는 일이 많은지 그 이유를 모르겠다는 것입니다.

그 후 본인 스스로가 하나님 앞에 이 문제를 두고 기도하다가 응답을 받아서 깨닫고 다시 성실한 마음으로 본 교회에서 귀한 일꾼으로 쓰임 받는다는 기쁜 소식을 들었습니다.

그렇습니다. 우리가 믿음 생활을 바로 하려고 할 때 반드시 방해 세력이 나타난다는 사실을 알고 하나님께 기도해야 하겠습니다. 우리 그리스도인은 싸움을 좋아하는 사람들이 아닙니다. 왜냐하면 예수를 믿을 때 그런 혈기와 나쁜 마음들을 이미 십자가에 못 박았기 때문입니다. 그럼에도 불구하고 나를 공격하고 대적하는 사람이 많은 마귀가 상대를 충동질하기 때문입니다. 마귀는 사람의 마음을 충동질해서 하나님의 백성을 미워하게 만들고, 어떤 경우에는 공격도 서슴지 않습니다. 그래서 우리는 믿음이 성장할 시점에는 더 깨어서 기도해야 합니다.

본문 시편 3편의 표제를 보면 '다윗이 그 아들 압살롬을 피할 때 지은 시'라고 되어 있습니다. 다윗은 이스라엘 역대 왕들 가운데 가장 큰 업적을 남긴 왕으로 존경받는 사람이었습니다. 그러나 그는 왕이 되기 전 목동의 신분에서 왕의 신분으로 전환하기 위해서도 수많은 시련과 고난을 겪어야 했습니다.

그리고 그의 인생에서 가장 견디기 어려운 고통이 바로 자신의 아들인 압살롬의 반역이었습니다. 여러분, 가장 견디기 어려운 것이 믿는 사람의 배신입니다. 어느 날 철저하게 믿던 남편이나 아내가 그리고 자식이 배신하고 나를 버렸다고 생각해 보십시오. 그런 고통을 겪어 보지 않은 사람은 잘 모를 것입니다. 이런 아픔과 고통을 이겨 낸 다윗의 신앙고백을 보면서, 우리도 받은 상처와 아픔과 고통을 이겨 내어야 합니다.

본문에서 우리가 알아야 할 교훈들을 살펴봅시다.

첫째, 다윗을 괴롭게 하는 대적자가 많았습니다.

1절을 보면 "여호와여 나의 대적이 어찌 그리 많은지요 일어나 나를 치는 자가 많으니이다"라고 했습니다. 다윗의 아들 압살롬이 아버지의 왕권을 빼앗기 위해 반역을 꾀하자 그를 따르는 백성이 많아졌다고 했습니다(삼하 15:12 참조).

하룻밤 사이에 인심이 변한 것입니다.

다윗은 평소에 자기 나름대로 믿음 생활을 잘한다고 생각했고, 다른 사람들도 자기를 좋아하는 줄 알았습니다. 그런데 막상 압살롬이 반역을 일으키고 자기가 정치적으로 실각하고 나니까 자기를 미워하고 망하기를 바라는 사람들이 너무 많다는 것을 알게 되었습니다. 바로 마귀가 다윗의 틈을 타고 침범한 것입니다.

부부 사이도 틈이 새기고 부모 자식 간이라도 틈이 새기고, 친구 사이에도 틈이 생깁니다. 그러면 마귀는 그 틈새를 파고들기 마련입니다.

그러나 무조건 이런 틈이 생기는 것이 나쁘다고만 할 수 없습니다. 그 틈새를 무엇으로 메우고 막느냐 하는 것이 더욱 중요합니다. 예수 믿는 우리는 그 틈을 주님으로 가득 채워야 합니다. 다윗은 이것을 통하여 자신의 잘못을 알았습니다. 자신이 평소 얼마나 잘못 살았으면 이렇게 많은 사람들이 자신을 대적하여 일어났을까 하고 생각한 것입니다.

둘째, 그러므로 기도해야 합니다.

4절을 보면 "내가 나의 목소리로 여호와께 부르짖으니

그의 성산에서 응답하시는도다"라고 했습니다. 여기서 "나의 목소리로 여호와께 부르짖으니"라는 의미는 본인이 소리 내어 기도하라는 것입니다. 바로 간절히 호소하는 기도를 말합니다.

예레미야 33장 3절에 "너는 내게 부르짖으라 내가 네게 응답하겠고 네가 알지 못하는 크고 은밀한 일을 네게 보이리라"고 했습니다. 부르짖을 때 하나님은 우리들의 호소의 기도를 들어주십니다.

4-6절을 통해 기도의 결과를 봅시다.

"내가 나의 목소리로 여호와께 부르짖으니 그의 성산에서 응답하시는도다(셀라) 내가 누워 자고 깨었으니 여호와께서 나를 붙드심이로다 천만인이 나를 에워싸 진 친다 하여도 나는 두려워하지 아니하리이다."

누가 나를 아무리 공격해도 두려울 게 없다는 것입니다. 그 이유는 무엇입니까? 3절에서 밝힌 대로, 주님이 나의 방패가 되시고 하나님이 나를 붙드시기 때문입니다. 두려워하지 말고 겁내지 맙시다.

마지막 결론입니다. 8절을 보면 모든 구원은 하나님께 있다고 했습니다. 다윗의 노래는 위대한 구원신앙입니다. 우리도 이처럼 모든 불안과 두려움이 사라지도록 기도합시다.

2017. 9. 1.

5
믿음으로 인한 평안

시 4:1-8

"내 의의 하나님이여 내가 부를 때에 응답하소서 곤란 중에 나를 너그럽게 하셨사오니 내게 은혜를 베푸사 나의 기도를 들으소서 인생들아 어느 때까지 나의 영광을 바꾸어 욕되게 하며 헛된 일을 좋아하고 거짓을 구하려는가(셀라) 여호와께서 자기를 위하여 경건한 자를 택하신 줄 너희가 알지어다 내가 그를 부를 때에 여호와께서 들으시리로다 너희는 떨며 범죄하지 말지어다 자리에 누워 심중에 말하고 잠잠할지어다(셀라) 의의 제사를 드리고 여호와를 의지할지어다 여러 사람의 말이 우리에게 선을 보일 자 누구뇨 하오니 여호와여 주의 얼굴을 들어 우리에게 비추소서 주께서 내 마음에 두신 기쁨은 그들의 곡식과 새 포도주가 풍성할 때보다 더하니이다 내가 평안히 눕고 자기도 하리니 나를 안전히 살게 하시는 이는 오직 여호와이시니이다."

● ✝ ●

미국 캘리포니아 주립대학교 의과대학 심리학과 폴 에크먼 교수는 전 세계 20여 개 문명권에 속한 사람들의 표정을 연구했습니다. 그에 의하면 선진 문명이나 미개 문명에 상관없이 기본적인 감정을 나타내는 얼굴 표정에 공통점이 있다는 것입니다. 즉 사람의 감정은 얼굴을 통해 나타나는데 얼굴 근육은 뇌의 명령에 따라 움직인다는 것입니다. 그래서 기쁜 표정, 슬픈 표정, 불안한 표정, 두려운 표정, 걱정 근심의 표정, 원망, 불만스러운 표정이 각각 다르게 나타나는 것입니다.

시편 42편 11절을 보면 "내 영혼아 네가 어찌하여 낙심하며 어찌하여 내 속에서 불안해 하는가"라고 했습니다. 여기서 인간의 불안의 출처가 얼굴이나 손발에 있는 것이 아니라 내 속에 있다고 했습니다.

여기서 말하는 '속'이 무엇입니까? 영혼입니다. 내 속에 있는 것이란 영혼을 뜻합니다. 그러니까 근심, 불안, 염려의 시발점은 사건 자체가 아니라 영혼이라는 것입니다. 다시 말하면, 내 영혼이 편하면 얼굴도 편해지고, 말도 편해지고, 행동도 편해지고, 생활도 편해진다는 것입니다.

우리는 흔히 불안해 보일 때 "어디 속이 불편하십니까?" 하는 엉뚱한 질문을 할 때가 있습니다. 요한삼서 1장 2절을 보면 "사랑하는 자여 네 영혼이 잘됨같이 네가 범사에 잘되고 강건하기를 내가 간구하노라"고 했습니다. 영혼이 평안하면 모든 일이 잘 될 줄 믿습니다.

아는 사람에게 보증을 서 준 사업가가 부도가 나는 바람에 심한 우울증에 걸리게 되었습니다. 어느 날 의사가 고민만 하지 말고 기분 전환을 위해 산이나 바닷가로 여행을 떠날 것을 권유했습니다. 그래서 그는 의사의 말대로 제주도로 여행을 떠났습니다. 바닷가 근처에 있는 호텔에 숙박하여 바닷가로 난 창문을 열어 놓고 바닷가의 야경을 구경하며 파도 소리를 듣고 있는데, 갑자기 바다의 파도 소리가 "쏴아, 쏴아"가 아니라 "너 같은 놈은 죽어야 돼, 죽어야 돼" 하더라는 것입니다. 그래서 밤새도록 그 소리에 시달리다가 서울로 돌아와서 처음 교회에 나갔습니다. 그런데 그 날 설교 제목이 "생명과 사망의 길"이었습니다. 그뿐 아니라 찬송가도 272장을 부르는데, 가사가 자기를 지목하는 것 같더랍니다.

"낭패와 실망 당한 뒤에 예수께로 나갑니다. 십자가 은혜 받으려고 주께로 갑니다. 슬프던 마음 위로 받고 이생의 풍파 잔잔하며 영광의 찬송 부르려고 주께로 갑니다."

그는 그 자리에서 주님을 만나고 마음에 평강을 얻어 지금은 모든 것을 다 해결하고 다시 건실하게 사업을 잘하고 있다고 합니다. "너는 죽어라. 그리고 살 가치가 없다. 너는 존재할 가치도 없다"는 것은 마귀의 소리입니다. 성령은 우리들의 모든 억울함과 어려움을 이길 수 있는 믿음의 평안을 주십니다. 주님께서 지켜 주실 것을 믿는 믿음은 평안을 가져옵니다.

믿음으로 인한 평안을 얻기 위해서는 어떻게 해야 합니까?

첫째, 의의 하나님께 기도해야 합니다.

본문의 말씀 시편 4편 1절을 보면 "내 의의 하나님이여 내가 부를 때에 응답하소서 곤란 중에 나를 너그럽게 하셨사오니 내게 은혜를 베푸사 나의 기도를 들으소서"라고 했습니다.

우리는 살아가면서 내가 원치 않는 억울한 일을 당하고 마음이 상할 때가 많습니다. 이럴 때 '나의 의의 하나님'을 찾는 것은 하나님이 나를 인정해 주시고 증명해 주실 유일한 분이시라는 것입니다.

다윗도 용서받지 못할 죄를 지었지만 하나님 앞에 침상이 젖도록 눈물을 흘리며 회개했을 때 하나님은 그를 먼저 긍휼히 여기시고 기도를 들어주시고 용서하셨습니다.

어려운 시험을 당할 때 가장 무서운 것이 무엇입니까? 기도할 수 없다는 것입니다. 기도 줄이 막힌 것은 모든 도움의 손길이 끊어졌다는 것입니다. 기도하기만 하면 하나님께서 주시는 믿음의 평안으로 모든 문제가 해결될 줄 믿습니다.

둘째, 평안을 주시는 하나님을 바라보아야 합니다.

6절을 보면 "여호와여 주의 얼굴을 들어 우리에게 비추소서"라고 했습니다. 여기서 하나님의 얼굴은 하나님의 말씀의 빛을 말합니다. 하나님의 말씀을 들으면 모든 것이 명확해지고, 마음에 있던 불안과 두려움, 걱정과 근심이 떠나가고, 흑암의 권세도 사라지고 마음에 평강이 임하는 것을 알 수 있습니다.

그래서 7절에는 "내 마음에 두신 기쁨"이라고 했습니다. 어려운 고난 가운데 전적으로 하나님을 의뢰하고 평안을 주시는 하나님을 바라볼 때 하나님께서는 성령을 물 붓듯이 부어 주셔서 우리의 마음을 성령으로 충만하게 하시고 기쁨을 채워 주십니다.

이 기쁨은 세상이 주는 기쁨이 아닙니다. 아무리 사람들이 내게 상처를 주고 못된 말로 나를 공격하여도 이 기쁨만큼은 사라지지 않고, 오히려 상대를 불쌍히 여기고 용서하며 사랑할 수 있는 기쁨이 차고 넘칩니다.

본문 마지막 절인 8절입니다. "내가 평안히 눕고 자기도 하리니 나를 안전히 살게 하시는 이는 오직 여호와이시니이다." 아멘.

이런 기쁨과 만족은 세상의 물질적인 풍성과 비교되지 않습니다. 그래서 하나님의 평안이 내게 임하면 그렇게 감사하게 되고 더 이상 주장할 것이 없는 삶이 됩니다.

세상적인 삶은 살면 살수록 부족한 것이 많아 '더 더' 하는 삶이지만, 하나님의 은혜 안에 거하면 우리에게 주어진 것이 너무 많아 자꾸 베풀고 살려는 이타적인 사랑의 삶을 살게 됩니다. 이것이 그리스도의 십자가의 사랑입니다.

현실적으로는 아무것도 해결되지 않고 어려움이 그대로 지속되어도 이런 평안과 감사와 기쁨이 들어오면 이미 우리의 믿음대로 모든 것이 되게 되어 있습니다. 이처럼 믿음으로 인한 하나님이 주시는 평강의 삶을 누리시길 바랍니다.

2017. 9. 8.

6
버림받은 자의 기도

시 22:1-19

"내 하나님이여 내 하나님이여 어찌 나를 버리셨나이까 어찌 나를 멀리 하여 돕지 아니하시오며 내 신음 소리를 듣지 아니하시나이까 내 하나님이여 내가 낮에도 부르짖고 밤에도 잠잠하지 아니하오나 응답하지 아니하시나이다 이스라엘의 찬송 중에 계시는 주여 주는 거룩하시니이다 우리 조상들이 주께 의뢰하고 의뢰하였으므로 그들을 건지셨나이다 그들이 주께 부르짖어 구원을 얻고 주께 의뢰하여 수치를 당하지 아니하였나이다 나는 벌레요 사람이 아니라 사람의 비방 거리요 백성의 조롱 거리니이다 나를 보는 자는 다 나를 비웃으며 입술을 비쭉거리고 머리를 흔들며 말하되 그가 여호와께 의탁하니 구원하실 걸, 그를 기뻐하시니 건지실 걸 하나이다 오직 주께서 나를 모태에서 나오게 하시고 내 어머니의 젖을 먹을 때에 의지하게 하셨나이다 내가 날 때부터 주께 맡긴 바 되었고 모태에서 나올 때부터 주는 나의 하나님이 되셨나이다 나를 멀리 하지 마옵소서 환난이 가까우나 도울 자 없나이다 많은 황소가 나를 에워싸며 바산의 힘센 소들이 나를 둘러쌌으며 내게 그 입을 벌림이 찢으며 부르짖는 사자 같으니이다 나는 물같이 쏟아졌으며 내 모든 뼈는 어그러졌으며 내 마음은 밀랍 같아서 내 속에서 녹았으며 내 힘이 말라 질그릇 조각 같고 내 혀가 입천장에 붙었나이다 주께서 또 나를 죽음의 진토 속에 두셨나이다 개들이 나를 에워쌌으며 악한 무리가 나를 둘러 내 수족을 찔렀나이다 내가 내 모든 뼈를 셀 수 있나이다 그들이 나를 주목하여 보고 내

겉옷을 나누며 속옷을 제비 뽑나이다 여호와여 멀리 하지 마옵소서 나의 힘이시여 속히 나를 도우소서."

●　✝　●

　사람이 버림받는 것만큼 비참한 일은 없을 것입니다. 특히 믿었던 사람에게 버림을 받으면 이보다 더 참담한 고통은 없을 것입니다.

　저는 과거에 고아원에 방문할 기회가 여러 번 있었는데 고아들이 왜 불쌍한지를 그곳에서 확실히 느낄 수가 있었습니다. 10세 미만의 아이 수십 명이 정신을 빼놓을 정도로 산만하게 뛰어놀다가 갑자기 조용해지면서 아이들이 하나도 없는 것입니다. 그래서 보모 선생님에게 "아이들이 다 어디로 사라졌습니까?" 했더니 선생님은 웃으면서 "식사 시간이라 식당에 갔을 거예요"라고 했습니다. 식당에 가 보니 아이들이 모두 옹기종기 앉아서 밥 나오는 구멍만 쳐다보고 있는데 그 모습을 보고 저는 너무나 짠했습니다.

　한참 부모에게 사랑받고 먹기 싫어해도 억지로 먹이려는 부모의 애정 속에 자라야 하는데, 보살핌 없이 배가

고파 밥 나오기를 기다리는 그들의 모습은 이 세상에서 가장 불쌍한 인간의 모습이었습니다. 아직 어린아이들인지라 부모에게 자기를 왜 버렸는지 항변은 할 수 없지만 그들의 영혼은 "어찌하여 나를 버리셨습니까" 하고 울부짖는 것 같았습니다.

버림받은 육신의 고아도 이렇게 슬프고 고통스러운데 하나님께 버림받은 영적 고아는 더 큰 고통 속에 살아야 할 것입니다.

첫째, 버림받은 자의 통곡은 무엇입니까?

우리들은 기도 가운데 하나님께서 자기를 위기 가운데서 건져 주실 것으로 믿고 기도합니다. 그러나 하나님이 응답하지 않으시면 그때부터 두려움이 들어옵니다. 아무리 부르짖어도 죽음의 위협이 사라지지 않고 아무리 부르짖어도 위기의 상황이 그대로일 때 우리는 이런 기도를 드리게 됩니다.

"내 하나님이여 내 하나님이여 어찌 나를 버리셨나이까 어찌 나를 멀리 하여 돕지 아니하시오며 내 신음 소리를 듣지 아니하시나이까"(1절).

본문의 부르짖음은 예수님께서 십자가 위에서 직접 부르짖은 말씀들입니다.

"나의 하나님 나의 하나님 어찌하여 나를 버리셨나이까."

예수님은 양손과 양발이 다 못에 박혔습니다. 여러분, 예수님은 흠도 티도 없으신 분입니다. 그러나 아버지의 뜻을 이루기 위하여 이런 비참한 십자가의 죽음을 당하셨습니다. 인간은 일단 죽으면 모든 것이 끝이라는 생각을 가집니다. 그러나 예수님이 십자가를 지는 동안 하나님은 손놓고 계시면서 구경만 하셨습니까? 아닙니다. 하나님은 십자가를 통하여 부활을 준비하셨습니다.

시편 기자는 죽음을 하나님의 뜻으로 받아들이지 않았던 것 같습니다. 22편 2절을 보면 "내 하나님이여 내가 낮에도 부르짖고 밤에도 잠잠하지 아니하오나 응답하지 아니하시나이다"라고 나옵니다. 이럴 때가 제일 답답하고 앞이 보이지 않는 상황입니다. '혹시 내가 하나님께 버림받지 않았을까?' 하는 여러 가지 생각과 복잡한 마음의 고통을 갖게 됩니다.

이럴 때 우리는 믿음의 확신을 가져야 합니다. 하나님은 나를 사랑하시므로 절대로 나를 버리시지 않는다는 믿음의 확신입니다. 어떤 위기나 삶의 문제 앞에서 하나님을 원망하고 하나님을 멀리하시겠습니까, 아니면 이런 상황 속에서도 하나님께서는 나를 사랑하신다는 믿음으로 인내하며 찬송하시겠습니까? 이것은 여러분의 선택에 달려 있습니다.

둘째, 하나님은 우리를 위험에서 건져 주시는 하나님이십니다.

위기나 어려움에 빠지면 우리는 기도할 수밖에 없습니다. 그리고 여러 가지를 생각하게 됩니다. 성경을 보면 이런 위기 때 하나님께서 역사하신 일들이 많이 기록되어 있습니다. 이런 말씀을 보고 우리는 하나님께서 과거에 이런 사람을 살려 주셨듯이 나를 살려 주시고, 어려움에서 건져 주셨듯이 나를 건져 주시길 기대하면서 성경을 자신에게 적용하면서 기도하는 사람이 되어야 합니다.

본문 4-5절을 보면 "우리 조상들이 주께 의뢰하고 의뢰하였으므로 그들을 건지셨나이다 그들이 주께 부르짖어 구원을 얻고 주께 의뢰하여 수치를 당하지 아니하였나이다"라고 나옵니다. 여기서 주목할 것은, 의뢰하는 자를 건지시는 주이시며 의뢰하는 자는 결국 수치를 당하지 않게 하신다는 것입니다.

하나님은 우리를 위험에서 건지시는 하나님이십니다. 우리를 천애고아처럼 내버리시는 분이 아니십니다. 그러므로 우리의 부족함과 연약함을 가지고 하나님께 나아가고, 의뢰하는 자는 버림받는 고통을 받지 않을 것입니다.

시편 기자인 다윗은 이것을 알고 하나님께 기도했습니다. "위험에서 건지시는 하나님, 나를 구원하여 주소서. 나를 원수의 수치에서 벗어나게 하소서." 그러면서 그는 있는 그대로 자신의 현재 어려움을 그대로 말씀드립니다.

본문 6절을 보면 "나는 벌레요 사람이 아니라 사람의 비방 거리요 백성의 조롱 거리니이다"라고 나오는데, 이 말은 사람들이 나를 보기에 벌레같이 대한다는 것입니다. 정말 하나님을 모르는 사람들은 하나님의 백성을 대할 때 벌레 보듯이 할 때가 있습니다. 그래서 우리는 하나님의 자녀로서 올바른 삶의 태도를 보여 주어야 합니다.

7절을 보면 "나를 보는 자는 다 나를 비웃으며 입술을 비쭉거리고 머리를 흔들며 말하되"라고 했습니다. 보는 자마다 비웃는다고 생각해 보시기 바랍니다. 결국 8절에 비웃는 그 정체가 나타납니다.

"그가 여호와께 의탁하니 구원하실 걸, 그를 기뻐하시니 건지실 걸 하나이다."

결국은 믿는 자를 핍박하고 멸시하는 내용들입니다. 하나님께 버림받으면 이런 멸시와 수치를 당하게 됩니다. 악한 자들은 믿는 자를 괴롭히는 것이 하나님을 이기는 것이라고 생각합니다. 그래서 조롱하면서 "하나님을 의지하니까 도울실 걸, 기뻐하시니까 건지실 걸" 하면서 비웃는다는 것입니다.

우리는 세상에서 이런 수모와 수치를 당하지 않기 위해서라고 하나님을 가까이하는 건강한 삶을 살아야 합니다.

우리가 해야 할 참된 신앙고백은 무엇입니까?

"오직 나를 도우실 분은 주님 한 분밖에 없습니다. 나를 이 위기에서 건져 주실 분은 하나님 한 분이십니다. 나를 도와주소서. 나를 긍휼히 여기소서" 하는 고백뿐입니다. 모든 슬픔, 고통, 마음의 상처가 이런 신앙고백 가운데 치유되기를 바랍니다.

2017. 9. 15.

7
영혼 건강의 보약

요 16:31-33

"예수께서 대답하시되 이제는 너희가 믿느냐 보라 너희가 다 각각 제 곳으로 흩어지고 나를 혼자 둘 때가 오나니 벌써 왔도다 그러나 내가 혼자 있는 것이 아니라 아버지께서 나와 함께 계시느니라 이것을 너희에게 이르는 것은 너희로 내 안에서 평안을 누리게 하려 함이라 세상에서는 너희가 환난을 당하나 담대하라 내가 세상을 이기었노라."

● ✝ ●

 날씨 변동이 심한 계절에는 심혈관이나 뇌혈관 환자들이 건강에 유의해야 합니다. 이럴 때 우리 신앙인들은 주 안에서 마음 관리를 잘해서 더 건강한 삶을 영위해야겠습니다. 오늘은 주 안에서 누리는 건강법을 알아보도록 하겠습니다.

환절기에 뇌혈관 환자들이 몸으로 느끼는 초기 증세는 다음과 같다고 합니다.

첫째로 이유 없이 어지럼증이 있고, 둘째로 팔다리에 힘이 없거나 감각이 약하거나 없어지고, 셋째로 눈이 흐리게 보이거나(blurriness) 물체가 두 개로 보일 때(double vision) 혹은 아예 안 보이고, 넷째로 말이 느려지거나 발음이 부정확하며 또는 남의 말을 잘못 알아듣거나 전혀 이해를 못한다는 것입니다.

뇌졸중 의학 전문의들이 뇌졸중 여부를 자신이 점검할 수 있는 간단한 방법을 소개한 바 있습니다.

첫째로 기쁘게 웃어 보라고 합니다. 기쁘게 웃을 수 있는 사람은 스트레스 해소에 큰 도움이 됩니다. 결과적으로 스트레스를 적게 받는 사람이 뇌혈관이 건강한 사람이라고 할 수 있습니다.

성경에서도 빌립보서 4장 4절 말씀에 "주 안에서 항상 기뻐하라 내가 다시 말하노니 기뻐하라"고 했습니다. 우리가 기쁘게 살고 건강하게 웃을 수 있다면 이보다 더 좋은 건강법은 없을 것입니다.

둘째로 간단한 문장을 외워 보라고 합니다. 나라 이름이나 주위에 아는 사람의 이름이나 쉽고 간결한 문장이라든지, 만약에 금방 보고 들은 것이 잘 생각나지 않으면 풍이나 치매 초기 증세로 조심해야 한다는 것입니다.

셋째로 숙면을 하는지 점검해 보라고 합니다. 건강한 사람은 숙면을 취합니다. 불면증으로 인해 생기는 질병은 여러 가지이지만 그중 뇌가 쉬지 못하므로 뇌혈관에 이상이 생긴다고 합니다.

본문 말씀인 요한복음 16장 33절 말씀에 "내 안에서 평안을 누리게 하려 함이라"고 했고, 요한복음 14장 27절에는 "평안을 너희에게 끼치노니 곧 나의 평안을 너희에게 주노라 내가 너희에게 주는 것은 세상이 주는 것과 같지 아니하니라 너희는 마음에 근심하지도 말고 두려워하지도 말라"고 했습니다.

현실의 삶을 살고 있는 우리들은 사실 웃고 기쁜 것보다는 불안하고 염려스러운 일들이 더 많은 것 같습니다. 그러나 우리는 실망하지 않고 기뻐하며, 노래하며, 행복하게 살아갈 수가 있습니다. 그 이유는 바로 예수님 때문입니다. 주 안에 살아가는 사람들에게는 믿지 않는 사람들이 알지 못하는 기쁨과 행복과 자유함이 있습니다.

첫째, 누구에게나 환난은 있습니다.

본문 33절을 보면 "세상에서는 너희가 환난을 당하나 담대하라"고 했습니다. 여기서 말하는 환난은 질병, 실패, 절망, 좌절 등을 포괄합니다.

예수님 생애를 살펴보면 고난과 시련과 아픔의 연속이었습니다. 탄생이 그랬고, 성장 역시 애굽으로 피난해야 했고, 갈릴리에서는 요셉을 도와서 막노동을 해야만 했습니다. 그 후 예루살렘으로 올라오신 3년 동안에는 박해와 멸시, 치욕을 당해야 했고, 결국 십자가의 죽음을 당하셔야 했습니다.

제자들도 그러했습니다. 베드로도 감옥에 들어가야 했고 로마에서 순교했습니다. 바울 역시 사도가 된 이후로 반대와 핍박과 고문과 투옥을 당하는 고통 속에 결국 순교했습니다.

믿든 안 믿든 삶의 고통은 있기 마련입니다. 그리고 누구나 고통을 당할 수 있습니다. 거기서 넘어지면 고통의 밥이 되어 버리고 맙니다. 그러나 절망의 벽과 고통의 벽을 넘어서면 영광의 길로 들어서게 됩니다. 그래서 주 안에 있는 사람들은 주님을 의지하여 소망을 가지고 고통의 벽을 넘어섭니다.

둘째, 환난을 당하나 담대하십시오.

33절 끝을 보면 "담대하라 내가 세상을 이기었노라"고 했습니다. 여기서 주님께서 이긴 세상은 무엇을 뜻합니까? 죄, 죽음, 사탄입니다. 세상을 이기신 주님이 말씀하십니다. "담대하라"고, "걱정하지 말고, 근심하지 말라"고, 그리고 "용기를 내고 힘을 내라"는 것입니다.

오늘 어떤 환난 가운데 있습니까? 염려하지 마시기 바랍니다. 우리가 주 안에 있으니 십자가 밑에 나아가 우리의 짐을 푸시길 바랍니다. 그러면 주님이 해결해 주시고 치유해 주실 것입니다.

셋째, 주 안에 있는 사람에게는 평안이 있습니다.

요한복음 16장 22절을 보면 "지금은 너희가 근심하나 내가 다시 너희를 보리니 너희 마음이 기쁠 것이요 너희 기쁨을 빼앗을 자가 없으리라"고 했습니다.

어떤 환난 가운데 있더라도 믿음으로 마음을 담대하게

가지면 우리의 기쁨을 빼앗을 자가 없다는 것입니다. 주 안에 있는 사람에게는 언제나 평안이 있습니다.

그리스도인의 행복과 평안은 그리스도 안에 있을 때 가능합니다. 주님을 떠나거나 멀리하면 그때부터 영은 마르고 육은 시들어 갑니다. 마음의 평안을 잃으면 하는 일도, 모든 삶의 행복도 사라지고 맙니다. 무엇을 하든지 마음의 평안이 있을 때 주님의 축복이 임합니다.
찬송가 370장입니다.

주 안에 있는 나에게 딴 근심 있으랴
십자가 밑에 나아가 내 짐을 풀었네
주님을 찬송하면서 할렐루야 할렐루야
내 앞 길 멀고 험해도 나 주님만 따라가리

주 안에 행복이 있고 기쁨이 있습니다. 주 안에 평안이 있고 축복이 있습니다. 오늘 어떤 질병과 고통 가운데 있습니까? 주 안에서 평안과 건강을 찾으시길 바랍니다.

2017. 9. 23.

8
환난을 통한 회복

시 25:16-22

"주여 나는 외롭고 괴로우니 내게 돌이키사 나에게 은혜를 베푸소서 내 마음의 근심이 많사오니 나를 고난에서 끌어내소서 나의 곤고와 환난을 보시고 내 모든 죄를 사하소서 내 원수를 보소서 그들의 수가 많고 나를 심히 미워하나이다 내 영혼을 지켜 나를 구원하소서 내가 주께 피하오니 수치를 당하지 않게 하소서 내가 주를 바라오니 성실과 정직으로 나를 보호하소서 하나님이여 이스라엘을 그 모든 환난에서 속량하소서."

조선시대 무오사화와 갑자사화를 일으켜서 수많은 유학자들을 탄압한 임금이 있는데, 그가 바로 폭군 연산군입니다(1476~1506). 그때 많은 유학자들이 목숨을 잃었고, 몇몇은 살기 위해 필사적으로 도망쳤습니다. 그들은 도망자 신세가 되어 전국 방방곡곡에 흩어져 있었습니다.

이강군이라는 유학자도 거제도로 도망갔다가 다시 거기서 쫓겨서 함흥으로 가게 되었습니다. 도망가는 길에 목이 말라 물 긷는 처녀에게 물을 얻어먹었는데 그 처녀는 물을 한 바가지 주면서 버들잎을 띄워 주었습니다. 이강군이 처녀에게 "왜 버들잎을 띄워 줍니까?" 하고 묻자 "제가 보기에 선비님이 너무 목말라 하시는 것 같은데 물을 급히 먹다가 체하면 약도 없다고 합니다. 천천히 후후 불어 가면서 드세요"라고 했습니다.

얼마나 지혜로운 처녀입니까? 이강군이라는 선비는 그 말에 감동을 받아서 처녀를 따라 그 집에 갔습니다. 소쿠리를 만드는 가난한 집이었지만 말하는 태도와 행동이 양반집 규수와 같아서 그 처녀와 결혼하여 살게 되었습니다.

처음에는 선비를 신랑으로 맞게 되자 집안 식구들이 너무 기뻐하였는데, 문제는 선비가 일을 전혀 할 줄 모른다는 것입니다. 소쿠리를 열심히 엮어 팔아도 끼니를 잇기가 어려운데 가만히 방구석에 처박혀서 먹기만 하고 글만 읽고 있으니 식구들이 미워하기 시작한 것입니다. 그래서 하루 세 끼 주던 밥을 두 끼만 주고, 두 끼 주던 밥도 한 끼로 줄이고 멸시를 합니다.

그래도 이 선비는 잘 참고 매일매일 모욕감을 견디면서 하루에 한 끼만 먹고 글을 열심히 읽으면서 자기 수양에 최선을 다했습니다. 부인이 이런 신랑의 모습이 안타까워 식구 몰래 누룽지를 갖다 주었습니다.

참고 기다리는 자에게 복이 온다고 기회가 왔습니다. 중종반정으로 말미암아 연산군이 쫓겨나고 새로운 임금이 선비 이강군을 찾자 한양에서 보낸 가마가 도착했습니다. 마을 원님과 온 동네 사람들이 다 몰려오고 경사가 벌어졌습니다. 그러자 장인, 장모는 산으로 도망을 갔습니다. 사위에게 잘못한 것이 많았기 때문입니다. 부인도 미안해서 숨었습니다. 그러나 이강군은 그 부인을 데리고 한양으로 돌아와서 잘살았다고 합니다.

이 이야기가 우리에게 가르쳐 주는 교훈은 무엇입니까? 끝까지 참고 인내하면 영광의 시간이 찾아온다는 것입니다.

우리 믿는 사람들도 감당하기 어려운 고난과 환난이 찾아올 때가 있습니다. 믿는 자들의 신앙은 이런 고난을 통하여 더 온전히 다듬어지게 되어 있습니다. 그러나 이런 이론적인 것은 다 알고 있지만 실제로 어려움이 닥치고 환난 가운데 처하면 사실 인내하기가 어렵습니다.

이럴 때 우리는 어떻게 해야 합니까? 이런 문제를 가지고 기도하는 것은 믿음이 너무 부족한 것은 아닐까 생각할 수도 있습니다. 그러나 하나님께서는 사랑하는 자녀들이 어려운 문제를 가지고 하나님께 기도하는 것을 매우 기뻐하십니다. 왜냐하면 하나님께서는 우리의 어려움을 '체휼하시는 분'이시기 때문입니다. 여기서 체휼한다는 것은 몸으로 함께 느낀다는 것입니다. 하나님께서 우리를 사랑하고 계신다는 믿음을 가집시다.

첫째, 환난을 당한 자의 현실적인 어려움이 무엇입니까?

첫째로 외롭고 괴롭다는 것입니다. 본문 16절을 보면 "주여 나는 외롭고 괴로우니 내게 돌이키사 나에게 은혜를 베푸소서"라고 했습니다. 우리가 어려움을 당할 때 가장 필요한 것은 어려움을 함께 나눌 수 있는 공동체입니다. 하나님은 우리에게 함께 고통을 나누고 함께 어려움을 위하여 짐을 나누어 질 수 있는 공동체를 허락하여 주십니다. 혼자가 아니라는 것이 중요합니다. 믿음의 사람은 하나님이 붙여 주신 수호천사들입니다. 함께 고민하고, 함께 울고, 함께 기도하고, 함께 위로하는 공동체의 사랑 가운데 있다면 이 환난의 시기가 지나가고 승리하는 회복의 시간이 반드시 다가올 것입니다.

둘째로 마음의 근심이 많다는 것입니다. 17절을 보면 "내 마음의 근심이 많사오니 나를 고난에서 끌어내소서"라고 나옵니다. 사실 어려울 때 염려와 근심보다 더 위험한 것은 없습니다. 왜냐하면 염려와 근심은 우리 마음에 퍼지는 독과 같은 존재이기 때문입니다. 독사에게 물리면 어떻게 됩니까? 독이 퍼지면서 서서히 죽게 됩니다. 이와 같이 염려 근심이 별것 아닌 것 같지만 결국 근심의 독이 우리의 믿음을 썩게 만듭니다.

그러므로 염려는 그냥 두면 안 되고 빼내야 합니다. 말씀으로 녹여야 하고, 찬양으로 해독해야 합니다. 그냥 두면 영적 침체에 빠지게 되고 나중에는 하나님에 대한 불신앙으로 무기력한 삶을 살 수밖에 없습니다.

셋째로 그로 인한 두려움입니다. 19절을 보면 "내 원수를 보소서 그들의 수가 많고 나를 심히 미워하나이다"라고 나옵니다. 염려나 근심은 아직 일어나지 않은 사건에 대한 걱정이지만 두려움은 단순한 염려가 아니라 실제적으로 위험이 자기에게 닥친 상황에서 오는 것입니다. 그래서 가만히 있어서 되는 것이 아니라 당장 무슨 조치를 취해야 하는 상황입니다. 그러나 대처할 수 있는 방법이 없거나 자신감이 없기 때문에 두려운 것입니다. 여기서 승리하려면 담대한 믿음으로 나아가야 합니다. 즉 상대를 두려워하지 말아야 한다는 것입니다. 하나님이 나를 지켜 주시고 함께하신다는 것을 믿고 아무리 많은 수가 나를 친다 하여도 믿음을 잃어서는 안 됩니다.

둘째, 환난 가운데 있는 다윗의 간구는 무엇입니까?

영혼을 지켜 구원하시도록 간구합니다. 20절을 보면 "내 영혼을 지켜 나를 구원하소서 내가 주께 피하오니 수치를 당하지 않게 하소서"라고 나옵니다. 우리는 영적인 위기 가운데서 사회적인 지위나 재물을 지키려면 이길 수가 없습니다. 오직 영혼을 강건하게 지켜야 합니다. 영혼을 잃어버리면 모든 것을 다 잃어버리게 됩니다. 그래서 어떤 환난이나 위기가 오더라도 믿음만큼은 잃어버려서는 안 됩니다.

요한삼서 1장 2절을 보면 "사랑하는 자여 네 영혼이 잘됨 같이 네가 범사에 잘되고 강건하기를 내가 간구하노라"고 했습니다. 그렇습니다. 영혼이 강건하면 모든 범사가 다 형통하게 됩니다.

이것을 아는 다윗은 신앙고백을 통해 자신의 영혼이 환난으로 나약해지거나 병들지 않게 해 달라는 간구를 하고 있습니다. 우리 역시 어떤 환난 가운데 있을지라도 영혼이 강건하면 모든 환난이 다 물러가고 회복될 수 있을 것입니다.

2017. 9. 30.

9
위기를 극복하라

렘 29:10-14

"여호와께서 이와 같이 말씀하시니라 바벨론에서 칠십 년이 차면 내가 너희를 돌보고 나의 선한 말을 너희에게 성취하여 너희를 이곳으로 돌아오게 하리라 여호와의 말씀이니라 너희를 향한 나의 생각을 내가 아나니 평안이요 재앙이 아니니라 너희에게 미래와 희망을 주는 것이니라 너희가 내게 부르짖으며 내게 와서 기도하면 내가 너희들의 기도를 들을 것이요 너희가 온 마음으로 나를 구하면 나를 찾을 것이요 나를 만나리라 이것은 여호와의 말씀이니라 나는 너희들을 만날 것이며 너희를 포로 된 중에서 다시 돌아오게 하되 내가 쫓아 보내었던 나라들과 모든 곳에서 모아 사로잡혀 떠났던 그곳으로 돌아오게 하리라 이것은 여호와의 말씀이니라."

현대인의 3대 위기는 "첫째로 나는 허망합니다. 둘째로 나는 외롭습니다. 셋째로 나는 아픕니다"라고 할 수 있습니다. 이것은 영육간의 모든 위기를 뜻합니다.

이런 위기를 극복할 수 있는 방법은 없을까요?

요즘 병원에 가면 현대화 된 최신 의료 장비들이 많아서 과학적인 방법으로 진단을 합니다. 그리고 거기에 합당한 처방을 내리고, 몇 가지 처방이 가능합니다. 첫째로 '별 이상이 없습니다'입니다. 이는 정상입니다. 이럴 경우 가장 기분이 좋습니다. 둘째로 'ㅇㅇ병입니다'입니다. 그러면 빨리 입원하고 수술 받아야 합니다. 이 경우는 마른하늘에 벼락 치는 것 같은 불안과 두려움으로 절망에 빠지고 맙니다. 셋째로 '조금 나쁘지만 먼저 약을 처방해 드리겠습니다'입니다. 이 경우는 한숨을 내쉬며 약국으로 가게 됩니다.

환자는 의사가 진단하고 내리는 처방전에 따라 그대로 해야 합니다. 병을 확인하고 제시해 준 치료의 방법이기 때문입니다.

우리도 우리 삶의 위기를 극복하기 위해서는 하나님께서 진단하시고 처방해 주신 그 방법대로 살아야 합니다. 그래야 복되고, 건강한 삶을 살아갈 수 있습니다.

본문은 바벨론의 침략으로 나라가 망하고 백성들은 포

로가 되어서 바벨론의 땅에서 노예로 살고 있을 때, 하나님께서 예레미야 선지자를 통해 그들의 위기를 극복할 수 있는 방법을 제시하신 것입니다. 본문 말씀을 중심으로 위기를 벗어날 수 있는 몇 가지 방법을 알아보도록 합니다.

첫째, 먼저 하나님의 뜻을 알아야 합니다.

11절을 보면 "여호와의 말씀이니라 너희를 향한 나의 생각을 내가 아나니 평안이요 재앙이 아니니라 너희에게 미래와 희망을 주는 것이니라"고 했습니다. 여기서 하나님의 깊은 뜻을 알 수 있습니다. 우리들에게 평안과 소망을 주시려는 것이 하나님의 뜻입니다. 우리가 환난 가운데 처하고 고난 가운데 병들고 어렵고 힘들게 사는 것을 원하시는 분이 아니라는 것을 알 수 있습니다.

성경을 보면 하나님을 책망하시고, 호통치시고, 벌을 주시고, 심판하시는 분으로 생각할 수도 있습니다. 그러나 하나님은 우리를 사랑하시고, 구원하시고, 치유하시고, 복 주시는 하나님이시라는 것을 믿어야 합니다.

이 사실을 깨달은 다윗은 시편 39편 7절을 통하여 "주여 이제 내가 무엇을 바라리요 나의 소망은 주께 있나이다"라고 고백했습니다. 하나님이 원하시는 뜻이 무엇입니까? 우리는 하나님의 선하신 뜻을 먼저 알아야 치유 받고 해결 받을 수가 있습니다.

둘째, 이것을 두고 기도해야 합니다.

무엇을 두고 기도해야 합니까? 본문 12-13절을 보면 "너희가 내게 부르짖으며 내게 와서 기도하면 내가 너희들의 기도를 들을 것이요 너희가 온 마음으로 나를 구하면 나를 찾을 것이요 나를 만나리라"고 했습니다. 우리의 위기적 문제를 두고, 질병을 두고, 고통과 아픔을 두고 기도하라는 것입니다.

무엇을 위하여 말입니까? 평강과 소망을 위하여 소리쳐 기도하라는 것입니다. 어떨 때 사람은 소리칩니까? 어떨 때 사람은 노래 부르고 춤을 치며, 흥겨워합니까? 급할 때 소리치지 못하고 기쁠 때 감정 표현을 하지 못하는 사람은 정신적인 장애인일 것입니다.

성경은 소리 내어 찬송하라, 박수 치며 노래하라, 큰 소리로 기도하라고 말씀합니다. 시편 47편 1절을 보면 "너희 만민들아 손바닥을 치고 즐거운 소리로 하나님께 외칠지어다"라고 했고, 시편 134편 2절에서는 "성소를 향하여 너희 손을 들고 여호와를 송축하라"고 했습니다.

찬양하는 모습을 보며 영적으로 병든 사람을 얼추 분별할 수 있는 것도 이런 사실에 근거하여 알 수 있습니다. 성격에 이상이 있거나 인격적인 장애가 있거나 악한 것에 붙들린 사람들은 감동이 없거나 감정이 메말라 있는 것입니다.

하나님은 우리가 정상적인 자녀로 성장하기를 원하십니다. 영혼도, 정신도, 감정도, 정서적인 면도, 육체도 건강하고 정상이기를 바랍니다. 그러나 현대사회는 감정이 마비되고, 지성이 마비되고, 의지가 마비되어 버린 사람들이 얼마나 많은지 모릅니다. 마모된 감정과 잃어버린 영혼의 감동을 회복해야 합니다. 사라져 버린 기도의 감격과 찬송의 감동을 되찾아야 합니다. 기도로 위기를 벗어납시다.

본문 13절을 보면 "너희가 온 마음으로 나를 구하면 나를 찾을 것이요 나를 만나리라"고 했으며, 14절에는 "나는 너희들을 만날 것이며……돌아오게 하리라"고 했습니다.

본문이 밝히는 위기 해법은 '하나님께로 찾아와 위기 사항을 기도로 말씀드리는 것'입니다. 그 당시 이스라엘은 바벨론의 포로로서 주권도, 나라도, 재산도 다 빼앗긴 채 살아가고 있었습니다. 그런 그들에게 예레미야를 통해 제시하신 위기 탈출 방법은 '하나님을 찾으라, 하나님을 만나라'는 것입니다. 그러면 길이 열리고 문제가 해결된다는 것입니다.

우리 모두 기도 가운데 하나님을 만나는 역사가 일어나길 바랍니다. 그리고 모든 문제와 위기들이 해결되기를 원합니다.

2017. 10. 21.

10
평안과 건강

막 5:25-34

"열두 해를 혈루증으로 앓아 온 한 여자가 있어 많은 의사에게 많은 괴로움을 받았고 가진 것도 다 허비하였으되 아무 효험이 없고 도리어 더 중하여졌던 차에 예수의 소문을 듣고 무리 가운데 끼어 뒤로 와서 그의 옷에 손을 대니 이는 내가 그의 옷에만 손을 대어도 구원을 받으리라 생각함일러라 이에 그의 혈루 근원이 곧 마르매 병이 나은 줄을 몸에 깨달으니라 예수께서 그 능력이 자기에게서 나간 줄을 곧 스스로 아시고 무리 가운데서 돌이켜 말씀하시되 누가 내 옷에 손을 대었느냐 하시니 제자들이 여짜오되 무리가 에워싸 미는 것을 보시며 누가 내게 손을 대었느냐 물으시나이까 하되 예수께서 이 일 행한 여자를 보려고 둘러보시니 여자가 자기에게 이루어진 일을 알고 두려워하여 떨며 와서 그 앞에 엎드려 모든 사실을 여쭈니 예수께서 이르시되 딸아 네 믿음이 너를 구원하였으니 평안히 가라 네 병에서 놓여 건강할지어다."

● ✝ ●

사람에게 건강보다 소중한 것은 없습니다. 아무리 출세

하고 성공하여도 건강을 잃어버리면 무슨 소용이 있겠습니까? 동생 가운데 하나가 소아마비라 저의 어머니께서 고쳐 보겠다고 키 156센티미터, 몸무게 48킬로미터의 작은 몸으로 그 무거운 동생을 업고 고등학교 졸업할 때까지 고생을 하셨습니다. 동생이 장애인임에도 불구하고 불평 한마디 하지 않고 지금까지도 성실하게 살고 있는 것은, 비록 병은 고치지는 못했지만 어머니의 기도와 사랑으로 잘 성장했기 때문입니다.

본문 말씀은 12년간 혈루증으로 고생하던 한 여인이 예수님의 옷자락을 만지고 고침 받았다는 내용입니다. 레위기 15장을 보면 혈루병은 유출병이라 했습니다. 여기서 유출병을 생리적인 것과 병리적으로 구분하고 있습니다. 생리적 유출병은 몸을 씻는 것으로 해결되지만, 병리적 유출병은 씻는 것으로 되지 않고 제사를 드려야 했습니다. 즉 정결의 제사를 드려야 했습니다.

어떤 의사 분이 이 대목을 보고 아주 부정적으로 받아들이고 생각하는 것을 보았습니다. 어찌 예수 옷자락을 만지고 병이 나을 수 있느냐 하는 것입니다. 여러분, 하나님의 치유는 의학이나 과학을 넘어선 초자연적인 능력의 현상이라고 할 수 있습니다. 암이나 감기나 믿음만 들어가면 모든 질병의 문제는 치유될 줄 믿습니다.

첫째, 그녀는 12년간 긴 세월을 고생했습니다.

본문 25절을 보면 열두 해를 혈루증으로 앓았다고 했습니다. 26절에는 많은 의원에게 많은 괴로움을 받았고, 있던 재산도 다 허비하였으되 아무 효험이 없고 도리어 병이 더 중하여졌다고 했습니다. 고통이란 길든 짧든 힘든 일이지만 길면 길수록 견디는 것이 힘들어지고 어렵습니다.

12년이라는 긴 세월을 혈루증으로 고생한 이 여인의 고달픈 삶은 하나님 외에는 그 누구도 알 수 없는 힘들고 고통스러운 삶입니다. 그뿐 아니라 재산까지 다 탕진하였으니 얼마나 힘이 들었겠습니까?

사람을 괴롭히는 문제들이 몇 가지 있습니다.

첫째로는 질병입니다. 병원에 가 보면 언제나 초만원입니다. 이름 모를 희귀병과 난치병이 많습니다. 예방의학이 발달하고 도처에 병원이 많음에도 가면 갈수록 무서운 질병이 사람들을 괴롭히고 있는 실정입니다.

둘째로는 실패입니다. 승승장구로 성공 가도를 달리다가 실패의 잔을 마실 수 있습니다. 사업, 진학, 결혼, 취업 등 실패의 종류가 많습니다. 실패로 자포자기하는 사람, 모든 걸 포기하고 자살하는 사람, 무서운 적대감을 품고 화를 내는 사람 등 실패를 대하는 태도도 여러 가지라고 할 수 있겠습니다.

셋째로는 사람의 관계입니다. 집에서 기르는 강아지가 주인을 괴롭혀서 못 살겠다든지, 동물원의 원숭이가 사람을 괴롭혀 죽겠다는 경우는 드뭅니다. 그러나 사람이 사람을 괴롭히고 사람 등쌀에 견디지 못하여 가슴 아파하는 사람들이 많습니다. 이것은 다 마귀의 짓이라고 할 수 있습니다. 미워하고 시기하고 서로 원망하고, 급기야 사랑하는 부부 관계도 깨어지게 하는 마귀의 전략에 넘어가서는 안 됩니다. 주 안에서 서로 위로하고 사랑하고 도와주는 아름다운 삶이 하나님이 원하시는 삶입니다.

둘째, 믿고 손을 대었을 때 역사가 일어났습니다.

27절을 보면 "예수의 소문을 듣고 무리 가운데 끼어 뒤로

와서 그의 옷에 손을 대니"라고 했고, 28절에는 "이는 내가 그의 옷에만 손을 대어도 구원을 받으리라"고 했습니다.

레위기 14장을 보면, 나병에 걸리면 일단 격리되어야 하고 접촉도 금했습니다. 그리고 15장에서는 유출병에 걸리면 역시 사람을 만지거나 접촉을 금했습니다. 심지어는 앉은 자리도 부정해진다고 여기고 사람들 앞에 나서지도 못하게 할 정도였습니다. 그래서 이 여인은 누구 앞에도 나올 수 없는 그런 처지와 상황이었습니다.

그러나 그녀에겐 믿음이 있었습니다. 관행이나 관습이 나를 막아도 예수님을 만져야 산다는 믿음이 있었습니다. 그리고 더 위대한 것은 예수님의 옷자락만 만져도 내가 고침 받을 수 있다는 믿음이 있었던 것입니다.

여러분! 믿는 대로 되는 것이 믿음의 법칙입니다. 신념과 신앙은 다릅니다. 신념은 내가 할 수 있다는 마음을 품고 나 자신을 컨트롤해서 마음먹은 쪽으로 훈련하고 이끄는 것이고, 신앙은 절대자이신 하나님께 맡기고 의지하는 것입니다. 신념은 꺾이고 좌절될 수 있지만 신앙은 모든 것을 가능케 합니다.

빌립보서 4장 13절에는 "내게 능력 주시는 자 안에서 내가 모든 것을 할 수 있느니라"고 했습니다. 믿음 안에서 모든 것을 할 수 있습니다. 반드시 치유해 주실 것을 믿고 하나님께 기도하시면 그대로 되리라 믿습니다.

셋째, 이 여인은 믿음대로 응답받았습니다.

34절을 보면 "예수께서 이르시되 딸아 네 믿음이 너를 구원하였으니 평안히 가라 네 병에서 놓여 건강할지어다"라고 했습니다. 이 여인은 소원하는 바 믿음대로 되었습니다. 옷자락만 만져도 병이 나을 것이라는 믿음, 그 믿음 대로 능력이 나타났고 소원대로 건강을 찾고 구원을 받았습니다.

그녀에게 주신 주님의 은총은 무엇입니까? 평안하라, 건강하라는 것이었습니다. 평안은 영혼을 향해 주신 축복이고, 건강은 육신을 향해 주신 축복이었습니다. 그러니까 이 여인은 주님께 영육간의 모든 축복을 다 받은 것입니다.

12년 되었든, 38년 되었든 병이 문제가 아니라 문제는 내 믿음입니다. 주님의 옷자락만 만져도 그 병이 나아질 것이라는 마음의 평강과 그 믿음이 중요합니다. "평안히 가라, 그리고 건강하라"고 말씀하신 주님의 음성을 이 시간 들으시고 여러분께도 이러한 축복이 주어지길 축원합니다.

2017. 10. 28.

11
믿는 자의 축복

시 40:1-5

"내가 여호와를 기다리고 기다렸더니 귀를 기울이사 나의 부르짖음을 들으셨도다 나를 기가 막힐 웅덩이와 수렁에서 끌어올리시고 내 발을 반석 위에 두사 내 걸음을 견고하게 하셨도다 새 노래 곧 우리 하나님께 올릴 찬송을 내 입에 두셨으니 많은 사람이 보고 두려워하여 여호와를 의지하리로다 여호와를 의지하고 교만한 자와 거짓에 치우치는 자를 돌아보지 아니하는 자는 복이 있도다 여호와 나의 하나님이여 주께서 행하신 기적이 많고 우리를 향하신 주의 생각도 많아 누구도 주와 견줄 수가 없나이다 내가 널리 알려 말하고자 하나 너무 많아 그 수를 셀 수도 없나이다."

 멕시코 남부 도시 오악사카 서부 내륙지역에 리히터 규모 7.6의 강진이 발생하여 많은 재해가 일어나고 도시 전체가 폐허가 되어 정말 지옥과 같은 처참한 광경이었습니다. 일주일 정도 건물 더미에 깔려 있던 할머니의 구출 장면이

보도되었는데, 그 할머니는 쉬지 않고 하나님께 부르짖고 기도하며 계속 찬송했다고 합니다. 그러면서 구출되는 그 순간에도 하나님이 자기를 살려 주셨고 지금도 하나님이 자기와 함께하노라며 기뻐하는 모습을 볼 수 있었습니다.

반면에 아직도 건물 더미에 깔려 살려 달라는 사람, 배가 고파 우는 사람, 다쳤어도 치료할 약이나 쉴 곳이 없는 사람들의 비명소리가 마치 지옥을 연상케 했습니다. 신을 찾으며 아무런 응답도 없는 신을 두고 신은 죽었다며 절규하는 모습도 볼 수 있었습니다.

사람들은 여러 가지 이유로 부르짖습니다. 아이들은 두려운 일을 만났을 때 부르짖으며, 어떤 사람은 극한 위기에서 도움을 받으려고 부르짖게 됩니다. 그런데 사람이 하나님을 향하여 부르짖을 수 있다는 것은 참으로 귀한 복입니다. 이 세상에 살면서 수많은 위험 가운데 있으면서 구원의 손길을 받지 못하는 사람이 얼마나 많습니까? 그런데 우리는 부르짖을 수 있고, 부르짖음에 따라 복 받을 수도 있습니다. 하나님이 우리에게 주신 축복이 무엇입니까?

첫째, 위기 때 부르짖고 찬송할 수 있다는 것입니다.

본문 1절을 보면 "내가 여호와를 기다리고 기다렸더니 귀를 기울이사 나의 부르짖음을 들으셨도다"라고 나옵니다. 내가 지금 심각하게 하나님께 부르짖는 것은 그만큼 큰 어려움이나 위기에 빠져 있다는 것을 뜻입니다.

우리는 나의 어려운 처지를 어떻게 깨닫게 됩니까? 처음에는 다른 사람이 경험하는 일반적인 어려움들을 통하여 하나님의 도움을 바라게 됩니다. 예를 들어 경제적인 문제나 질병 그리고 여러 가지 삶의 문제로 인하여 하나님의 도우심을 바라지만, 이런 문제의 근본적인 것이 영적인 문제라는 것을 깨닫게 됩니다.

결국 이런 문제로 씨름하다 보면 모든 어려움의 원인이 결국 인간의 '죄'로 인한 문제라는 것을 알게 됩니다. 예수님이 이 땅에 오셔서 근본적으로 하신 일의 중점은 이런 인간의 죄를 사해 주시고 치유해 주신 것입니다.

오늘날 얼마나 많은 사람들이 이런 죄의 문제로 위기와 고통 가운데 놓여 있습니까? 이 세상에 여러 가지 질병이나 어려움들은 우리 눈에 보이지 않는 이러한 근본적인 어려움을 보게 하는 거울이 되는 것입니다.

본문의 "내가 여호와를 기다리고 기다렸더니"라는 말은 이런 어려움을 통하여 하나님을 만난다는 것은 결코 쉬운 일이 아니라는 것을, 상당한 진통의 시간을 겪은 후에 죄사함의 복을 받고 알게 되었다는 것을 알게 합니다. 그만큼 우리 인간이 자신의 영적인 문제를 알고, 죄를 발견한다는 것이 얼마나 어려운 일인지 모릅니다.

고아로 자란 K씨는 17년간을 교도소를 들락거리면서 자기가 저지른 죄에 대해 깨닫기는커녕 오히려 자신의 정당성을 내세우는 고집불통의 사람이었습니다. 그런데 어느 날 예수를 믿으라며 전도 나온 권사님의 손에 붙들려 눈물의 기도를 받고 사람이 완전히 변화되어 우리가 상상하지 못할 정도로 새사람이 되었습니다. 그는 자기의 죄를 깨닫는 데 무려 20년 이상 걸렸다고 고백하고 있습니다.

우리가 하나님 앞에 자신의 죄를 깨닫는 것이 왜 이렇게 어렵습니까? 바로 쓸데없는 자존심과 고집 때문입니다. 우리는 할 수만 있다면 내 힘으로 구하고 내 방법으로 모든 것을 해결해 보려 합니다. 그래서 자기가 가진 수단과 방법을 다 동원하여 해 볼 때까지 해 본 다음 손을 들고 하나님께 항복합니다.

하나님을 만나고 난 후 우리에게 너무 놀라운 일이 일어납니다. 그것은 '내가 얼마나 기가 막힌 웅덩이에서 구원받았는가' 하는 깨달음입니다. 본문 2절을 보면 "나를 기가 막힐 웅덩이와 수렁에서 끌어올리시고 내 발을 반석 위에 두사 내 걸음을 견고하게 하셨도다"라고 나옵니다.

우리는 이전에 내가 빠져 고통 받던 웅덩이가 얼마나 깊고 위험한 수렁이었는가를 깨닫고 다시 한 번 놀라게 됩니다. 이것은 내가 누구인지도 모르고, 내가 무엇 때문에 사는지도 몰랐던 무가치하고 무의미한 삶을 살았던 과거를 말합니다. 즉, 하나님께로부터 멀어진 세상 구덩이에 빠져 헤매던 그때가 얼마나 위험한 때였는지, 그곳이 얼마나 깊은 수렁이었는지 깨닫지 못하고 방황하던 그 시절을 한번 회상해 보시기 바랍니다.

그러므로 우리는 어려울 때 부르짖고 환난에서 우리를 견고케 하시는 하나님을 찬양할 때 우리에게 주시는 복이 무한하다는 것을 알아야 합니다. 또 하나의 큰 축복은 우리의 믿음입니다.

둘째, 위기 때 믿음으로 위로 받고 축복 받을 수 있다는

것입니다.

이 세상에서 가장 복 있는 자는 자기를 쳐서 믿음으로 하나님께 굴복하는 사람입니다. 본문 4절을 보면 "여호와를 의지하고 교만한 자와 거짓에 치우치는 자를 돌아보지 아니하는 자는 복이 있도다"라고 나옵니다. 우리가 하나님을 믿는 이유가 무엇입니까? 그것은 한시라도 하나님을 의지하지 않고서는 살아갈 수 없기 때문입니다. 그러므로 하나님을 믿고 의지하며 살아야 합니다.

이스라엘 왕 중 사울은 사나이답고 패기만만한 왕이었습니다. 그는 시시하게 하나님이 시키는 대로 순종하는 꼭두각시처럼 되고 싶지 않았습니다. 그래서 그는 자기 하고 싶은 대로 전쟁도 하고 정치도 하였습니다. 그 결과가 무엇입니까? 정신병자가 되어서 무당의 도움을 받았고, 나중에는 길보아 산에서 세 아들과 비참하게 전사하고 말았습니다.

그러나 다윗은 절대로 자기 마음대로 전쟁을 하거나 정치를 하지 않았습니다. 다른 사람들 눈에는 줏대가 없고 결정권이 없는 나약한 인간으로 보였습니다. 또한 인기도 없었습니다. 그러나 철저하게 하나님 중심으로 믿음 가운데 정치를 한 결과 그는 언제나 영감이 흘러넘쳤으며, 그가 하는 모든 일에 하나님이 함께하시는 축복이 임했습니다.

위기가 다가왔을 때 우리가 찬송하고 기도하며 하나님을 의지하고 믿을 수 있는 믿음은 그 사람의 모든 문제를 해결하고 치유 받을 수 있는 값진 영적 자산이 될 수 있습니다.

2017. 11. 5.

12
내 영혼의 피난처

시 57:1-7

"하나님이여 내게 은혜를 베푸소서 내게 은혜를 베푸소서 내 영혼이 주께로 피하되 주의 날개 그늘 아래에서 이 재앙들이 지나기까지 피하리이다 내가 지존하신 하나님께 부르짖음이여 곧 나를 위하여 모든 것을 이루시는 하나님께로다 그가 하늘에서 보내사 나를 삼키려는 자의 비방에서 나를 구원하실지라(셀라) 하나님이 그의 인자와 진리를 보내시리로다 내 영혼이 사자들 가운데에서 살며 내가 불사르는 자들 중에 누웠으니 곧 사람의 아들들 중에라 그들의 이는 창과 화살이요 그들의 혀는 날카로운 칼 같도다 하나님이여 주는 하늘 위에 높이 들리시며 주의 영광이 온 세계 위에 높아지기를 원하나이다 그들이 내 걸음을 막으려고 그물을 준비하였으니 내 영혼이 억울하도다 그들이 내 앞에 웅덩이를 팠으나 자기들이 그 중에 빠졌도다(셀라) 하나님이여 내 마음이 확정되었고 내 마음이 확정되었사오니 내가 노래하고 내가 찬송하리이다."

행복지수의 조사 기본은 만족과 불만족의 차이라고 합

니다. 얼마를 소유하고 있느냐가 아니라 주어진 환경과 여건 속에서 지족하는 마음을 가지는가 못 가지는가 하는 차이라는 것입니다.

두 종류의 사람이 있습니다. 집도 있고, 돈도 있고, 갖출 것 다 갖추고 살아도 늘 마음이 허전하고 공허하며 무언가 가슴이 텅 빈 사람들이 있습니다. 이런 사람은 빈 둥지 증후군에 시달리는 사람이라 합니다. 다 가지고 있는데 만족하지 못하고 늘 외롭고 쓸쓸하게 사는 사람입니다.

그런가 하면, 가진 것도 없고 자랑할 것도 없는데도 늘 기쁘고 항상 행복해하며 감사하는 사람이 있습니다. 누가 더 행복한 사람입니까? 그리고 왜 이 사람은 가진 것도 없고 누릴 것도 없으면서 행복할 수 있을까요? 그것은 믿는 바가 있기 때문입니다. 보이지 않고 손으로, 잡히지 않지만 믿는 바가 있기 때문에 행복한 것입니다.

예전에 교회 출석한 지 얼마 되지 않은, 어렵게 사는 여집사님의 집에 심방을 가게 되었습니다. 집사님 혼자서 공장을 다니면서 두 남매를 데리고 어렵게 사는 것을 보고 측은히 여겼습니다. 심방예배 중에 너무 열심히 기도하고,

기쁨으로 찬양을 하는 것을 보고 얼마나 어려우면 역으로 하나님께 몰입하여 사는가 하는 생각을 했는데, 그 모든 생각이 빗나가고 말았습니다. 남편이 고시촌에서 공부를 하고 있는데 7년째 뒷바라지를 하고 있으며, 집사님이 보여 준 편지 수백 통에는 사랑하는 남편의 애절한 사연들이 기록되어 있었습니다. 심방 갔다 온 그해 행정고시 합격을 해서 너무 기쁘고 좋았습니다.

사람이 사랑하며 믿는 바가 있고, 의지하는 바가 있고, 소망하는 것이 있을 때 삶의 생기가 솟아오릅니다.

본문 말씀은 다윗이 사울을 피하여 굴에 숨었을 때의 얘기입니다. 원수를 피해 굴로 들어갔는데 바로 그 굴속으로 사울이 들어온 것입니다. 숨어 있던 다윗은 사울이 그 굴속에 들어왔을 때 어떤 생각이 들었겠습니까? 다윗은 너무 놀랐을 것이고, 속으로는 '이제 다 틀렸구나 끝장이다'라는 생각이 들었을 것입니다. 어쩌면 자포자기하는 마음으로 뛰어나와 사울과 싸웠을지도 모릅니다. 그러나 끝까지 침착하게 기다렸을 때, 다윗은 사울이 자기를 잡으러 굴속에 들어온 것이 아니라 낮의 무더위를 피해 낮잠을 자러 들어온 것임을 알게 되었습니다. 사실 사울은 죽으러 들어온 것이나 마찬가지인 상황입니다. 다윗은 자기가 그동안 쫓기면서 너무 불행하다고 생각했는데 한순간 입장이 바뀌는 것을 느꼈습니다.

이때 다윗이 깨달은 것이 무엇입니까? 믿음의 확신이었습니다. 이미 나는 사울을 이겼고, 전쟁은 끝났으며, 이제 하나님의 은혜와 도우심으로 새로운 시대가 열릴 것이라는 확신적인 믿음이 생겼습니다. 대부분 사람들은 모든 일이 다 이루어져야 그때서야 믿음의 확신을 가지지만 다윗은 어려움이 계속되다가 하나님께서 회복할 수 있는 기회를 주셨을 때 자신의 미래에 대한 승리의 확신을 할 수 있었습니다.

시편 57편에 들어 있는 다윗의 고난을 살펴봅니다. 1절을 보면 "이 재앙들이 지나기까지"라고 했으며, 3절을 보면 "나를 삼키려는 자의 비방"이라고 했고, 6절에서는 "내 걸음을 막으려고 그물을 준비하였으니 내 영혼이 억울하도다 그들이 내 앞에 웅덩이를 팠으나"라고 했습니다.

재앙, 비방, 불 같은 시험, 방해, 공작, 웅덩이 등등이 수없이 다윗을 위협하고 공격했습니다. 그러나 이런 가운데서도 다윗은 7절에서 "노래하고 내가 찬송하리이다"라고 했습니다. 어떻게 이런 일이 가능합니까? 혹시 그는 고통 불감증 환자입니까? 그 이유를 살펴봅니다.

첫째, 하나님 날개 아래로 피할 수 있었다는 것입니다.

우리는 새가 되어 자유롭게 훨훨 날아가고 싶을 때가 많습니다. 특히 어려운 상황이 나를 꽁꽁 잡아매고 있을 때 모든 것을 훌훌 털어 버리고 새로운 곳에서 자유롭게 살고 싶을 때가 있습니다. 그러나 문제를 해결하지 않고서는 이 세상 어디에도 피할 길이 없습니다.

본문 1절을 보면 "내 영혼이 주께로 피하되 주의 날개 그늘 아래서 이 재앙들이 지나기까지 피하리이다"라고 나옵니다. 이 세상에서 쫓기는 자에게 안전한 피난처란 존재하지 않습니다. 그런데 다윗은 하나님의 날개 아래로 피한다고 말하고 있습니다. 날개는 보호와 안전을 의미합니다. 가장 안전한 곳, 가장 평안한 곳은 주님의 날개 그늘임을 발견한 것입니다.

그리고 여기서 주목할 것은 "이 재앙이 지나기까지"라는 고백입니다. 재앙은 느리게 가든지 빠르게 가든지 지나간다는 것입니다. 영원히 계속되거나 반복되는 재앙은 없습니다. 그렇습니다. 우리가 한평생 살면서 실패할 수도 불행할 수도 있습니다. 그러나 그것이 영원히 계속되는 것은 아닙니다.

고린도전서 10장 13절을 보면 "사람이 감당할 시험밖에는 너희가 당한 것이 없나니 오직 하나님은 미쁘사 너희가 감당하지 못할 시험 당함을 허락하지 아니하시고 시험 당할 즈음에 또한 피할 길을 내사 너희로 능히 감당하게 하시느니라"고 했습니다.

둘째, 마음을 정하고 확신했다는 것입니다.

본문 7절을 보면 "하나님이여 내 마음이 확정되었고 내 마음이 확정되었사오니"라고 했습니다. 확정되었다는 말은, 이제 결정하였고 확실히 고정되었다는 뜻입니다. 그것도 두 번씩이나 확정되었고 확정하였다고 고백할 정도로 그 마음이 고정되어서 확고부동해졌다는 것입니다.

우리 신앙은 확신과 확고한 믿음의 결단이 있어야 합니다. 마음이 고정되지 못하고 좌우로 흔들리면 영적 싸움에서 패배할 수 있습니다. 확정되고 확신이 필요합니다. 긴가민가, 될까 안 될까, 믿을까 말까, 할까 말까 하는 믿음은 바로 서기 어려운 믿음입니다. 신앙은 결단입니다. 그리고 양자택일해야 합니다. 세상을 따를 것인지, 하나님 말씀대로 살 것인지 결정하고 결단해야 합니다.

암에 걸린 분들이 대개 어떻게 해야 좋을지를 두고 고민하다가 결국 치유의 시기를 놓치는 경우가 많습니다. 암도 조기에 발견하면 고칠 수 있습니다. 그러나 때를 놓치면 치료가 어렵다고 합니다.

지금 확신을 가지고 결단해야 영혼의 피난처에서 안식을 누릴 수 있으며, 하나님의 도우심을 받을 수 있습니다. 주님의 날개는 우리의 영혼의 피난처가 됩니다. 그 그늘 아래서 편히 쉼을 얻고 평안과 기쁨의 삶을 찾읍시다.

2017. 11. 11.

13
낙심치 말고 기도합시다

눅 18:1-8

"예수께서 그들에게 항상 기도하고 낙심하지 말아야 할 것을 비유로 말씀하여 이르시되 어떤 도시에 하나님을 두려워하지 않고 사람을 무시하는 한 재판장이 있는데 그 도시에 한 과부가 있어 자주 그에게 가서 내 원수에 대한 나의 원한을 풀어 주소서 하되 그가 얼마 동안 듣지 아니하다가 후에 속으로 생각하되 내가 하나님을 두려워하지 않고 사람을 무시하나 이 과부가 나를 번거롭게 하니 내가 그 원한을 풀어 주리라 그렇지 않으면 늘 와서 나를 괴롭게 하리라 하였느니라 주께서 또 이르시되 불의한 재판장이 말한 것을 들으라 하물며 하나님께서 그 밤낮 부르짖는 택하신 자들의 원한을 풀어 주지 아니하시겠느냐 그들에게 오래 참으시겠느냐 내가 너희에게 이르노니 속히 그 원한을 풀어 주시리라 그러나 인자가 올 때에 세상에서 믿음을 보겠느냐 하시니라."

● ✝ ●

엄마를 따라 기도원에 올라온 초등학교 꼬마가 많은 사람들이 우는 것을 보고 하는 소리가 "눈물방에 왔네"였습니다. 실제로 각종 스트레스 등 말 못 할 속앓이를 하는 사람들이 마음놓고 울 수 있는 '눈물방'이 중국에서 날로 성업하고 있다고 합니다. 최근 상하이(上海)로까지 확산된 눈물방은 시간당 100위안(약 14,000원)을 내면 속상한 마음이 풀릴 때까지 실컷 울고 갈 수 있다고 합니다.

어느 누구든 한숨 쉬고, 걱정하고, 울면서, 슬픔에 젖어 살아가기를 원하는 사람은 없을 것입니다. 그러나 인생 자체가 내 뜻대로 안 되는 것이 세상사라고 할 수 있습니다.

어렵고 힘든 일을 겪을 때 대처하는 태도는 두 가지일 것입니다.

첫째로 절망하고 포기하는 태도입니다. 조금만 어려워도 쉽게 낙심하고, 자포자기하며, 쉽게 절망하는 사람들이 있습니다. 절망도 그냥이 아니라 생각하고, 연구하고, 고민하다가 절망을 결정하는 것입니다. 절망하는 에너지를 가지고 희망으로 전환할 수가 있습니다.

둘째로 희망을 가지고 도전하는 태도입니다. 긍정적이고 적극적인 사람들은 안 되는 일을 되게 하고, 어려운 일을 쉽게 만듭니다. 그래서 행복한 사람의 특징은 불행한 일을 행복하게 처리하는 것입니다.

본문 누가복음 18장 1-14절 말씀은 기도에 관한 교훈입니다. 기도는 우리 그리스도인들이 문제를 해결하고 어려운 사건을 쉽게 풀어 나가는 최상의 긍정적인 방법이며 하나님의 능력으로 응답 받는 최선의 길입니다.

본문의 내용을 보면 어떤 도시에 하나님을 두려워하지 않고 사람을 무시하는 도도한 재판관이 있었습니다. 또 그 도시에 억울한 사건으로 고생하는 과부가 있었습니다. 재판관은 그녀를 거들떠보지도 않았습니다. 그럴수록 과부는 아침저녁으로 재판관의 출퇴근 길목에 기다리고 있다가 원한을 풀어 달라며 귀찮게 굴었습니다. 결국 견디다 못한 재판관이 과부의 민원을 해결해 주었다는 것이 본문의 줄거리입니다.

예수님은 이 비유를 통하여 우리가 어떻게 기도해야 할 것인가를 밝혀 주셨습니다. 다시 말하면, 내 힘으로 풀기 어려운 문제를 어떻게 풀 것인가를 가르쳐 주신 것입니다. 과부의 문제의 해결법을 통하여 기도에 관한 교훈을 살펴봅니다.

첫째, 번거롭게 했습니다.

5절을 보면 "이 과부가 나를 번거롭게 하니"라고 했고, "늘 와서 나를 괴롭게 하리라"고 했습니다. 시도 때도 없이 주야로 소리 지르고 길목을 지키며 괴롭게 했다는 것입니다. 그리고 "늘 와서"라는 말은 끝까지 왔다는 뜻입니다. 들어줄 때까지, 문제가 해결될 때까지라는 것입니다.

이 과부가 가진 것은 아무것도 없었습니다. 변호사를 선임할 만한 능력도 없고, 주위에 도와줄 사람도 없었습니다. 그녀가 가진 것은 이 문제를 꼭 해결해야겠다는 신념과 믿음뿐이었습니다. 그래서 그녀가 택한 방법은 밀어붙이는 끈기 작전이었던 것입니다. '번거롭게 하고', '늘 와서', '괴롭게 하리라' 이 방법 외에는 그녀에게 아무것도 없었습니다.

하나님은 어떤 사람의 기도에 귀를 기울이십니까? 사건 경위서를 작성하고, 소장을 제출하고, 변호사를 선임하고, 법정에 출두하여, 심문을 받는 절차는 법이 정해 놓은 것입니다. 그러나 하나님은 사건의 내용을 직접 입으로 소리쳐 털어놓고 사실대로 진실되게 도움을 요청하는 사람의 기도에 귀를 기울이십니다.

어릴 적부터 자폐증을 앓는 P군의 어머니인 B집사님은 자신의 아들이 반드시 하나님의 도움으로 말을 할 것이라는 믿음으로 7년간을 매일 네 시간 이상 기도를 했습니다. 그러던 어느 날 밤늦도록 기도하는 엄마에게 아들이 "어머니, 그만 주무세요" 하더라는 것입니다.

하나님은 간절히 기도하는 사람의 기도에 귀를 기울이시고 기도에 응답해 주시는, 살아 역사하시는 하나님이십니다. 시편 28편 6절을 보면 "여호와를 찬송함이여 내 간구하는 소리를 들으심이로다"라고 했습니다. 낙심치 말고 기도하면 우리의 기도를 외면하시지 않는 하나님이십니다.

둘째, 부르짖으면 풀어 주십니다.

7절을 보면 "하물며 하나님께서 그 밤낮 부르짖는 택하신 자들의 원한을 풀어 주지 아니하시겠느냐 그들에게 오래 참으시겠느냐"라고 했습니다. 여기서 말하는 원한이란 간절한 소원과 기도 제목을 의미합니다. 또한 밤낮이란 '지속적'이라는 의미입니다.

우리가 지속적으로 부르짖는다는 것은 기도의 적극성을 뜻하는 것입니다. 우리가 신앙적인 삶을 살면서 기도의 통로가 막히면 하나님과의 교통이 막힌 것이므로 모든 축복의 통로가 막힌 상태가 됩니다. 결국 하는 일마다 형통하지 못하므로 하나님의 은혜를 구할 수가 없습니다.

기도의 통로를 막는 여러 가지 원인 중 하나가 바로 상한 마음입니다. 누구와 다투고, 상처를 받고, 염려와 근심 등으로 불안하고 낙심이 될 때에는 기도가 되지 않습니다. 또한 의외의 삶의 고통이나 실패로도 기도의 통로가 막힐 수 있습니다. 어떤 이유든 어떤 사연이든, 기도가 막히면 영적인 삶이 단절되고 영혼에 심각한 문제가 발생됩니다.

하는 일마다 꼬이고 잘 안 되는 사람들이 많습니다. 걸핏하면 아프고 다치는 사람들이 많습니다. 세상 사람들은 '재수가 없어서, 운이 따르지 않아서'라고 생각합니다. 그러나 모든 삶에는 영적인 문제가 따릅니다. 이상하게도 좋지 않은 영향을 받고 있는 사람들을 보면 영적으로 시달려서 그런지는 몰라도 생각 자체가 어둡고 부정적이며, 근심과 걱정, 불안 등 좋지 않은 생각에 많이 사로잡혀 있는 것을 볼 수 있습니다. 그러므로 부정적인 모든 생각과 좋지 않은 악한 영들을 쫓아내고, 맑고 정결한 상태에서 살아가야 좋은 일들이 연결되는 축복의 삶을 살 수 있습니다.

기도하는 사람은 절대로 낙심하지 않습니다. 하나님의 응답이 있기 때문입니다. 기도하는 사람은 반드시 승리할 수 있습니다. 기도하는 사람은 반드시 문제가 풀어지고 해결이 됩니다.

2017. 11. 18.

14
고치시고 도우시는 하나님

시 30:1-12

"여호와여 내가 주를 높일 것은 주께서 나를 끌어내사 내 원수로 하여금 나로 말미암아 기뻐하지 못하게 하심이니이다 여호와 내 하나님이여 내가 주께 부르짖으매 나를 고치셨나이다 여호와여 주께서 내 영혼을 스올에서 끌어내어 나를 살리사 무덤으로 내려가지 아니하게 하셨나이다 주의 성도들아 여호와를 찬송하며 그의 거룩함을 기억하며 감사하라 그의 노염은 잠깐이요 그의 은총은 평생이로다 저녁에는 울음이 깃들일지라도 아침에는 기쁨이 오리로다 내가 형통할 때에 말하기를 영원히 흔들리지 아니하리라 하였도다 여호와여 주의 은혜로 나를 산같이 굳게 세우셨더니 주의 얼굴을 가리시매 내가 근심하였나이다 여호와여 내가 주께 부르짖고 여호와께 간구하기를 내가 무덤에 내려갈 때에 나의 피가 무슨 유익이 있으리요 진토가 어떻게 주를 찬송하며 주의 진리를 선포하리이까 여호와여 들으시고 내게 은혜를 베푸소서 여호와여 나를 돕는 자가 되소서 하였나이다 주께서 나의 슬픔이 변하여 내게 춤이 되게 하시며 나의 베옷을 벗기고 기쁨으로 띠 띠우셨나이다 이는 잠잠하지 아니하고 내 영광으로 주를 찬송하게 하심이니 여호와 나의 하나님이여 내가 주께 영원히 감사하리이다."

우리가 화원에 갔을 때 마음에 드는 화분을 발견하면 좋아서 사 오게 됩니다. 하지만 어떤 사람은 그 좋은 화분의 아름다운 꽃을 일주일 내로 죽여 버립니다. 집에 와서 잘 가꾸어 계속하여 아름다운 꽃을 피게 하는 사람도 있습니다.

은혜라고 하는 것은 그렇습니다. 은혜의 소중함을 알고 잘 가꾸어서 평생을 하나님의 은혜 안에 사는 사람이 있는가 하면, 어떤 사람은 은혜를 경솔히 여겨 계속해서 은혜를 저버리고 결국 영적으로 메말라서 받은 은혜도 잃어버리는 경우가 있습니다.

우리는 평안한 가운데 하나님의 말씀을 들을 수 있다는 것이 얼마나 소중한 일인지를 평소에 잊어버릴 때가 많습니다. 지금 이 시간에 큰 재난을 당하거나, 중병으로 인해 중환자실에 누워 있다거나, 큰 문제로 고통을 받고 절망에 빠져 있다면 우리가 건강한 모습으로 이렇게 예배드릴 수 있을까요. 이렇게 생각해 보면 은혜가 얼마나 소중한가를 알 수 있습니다.

하나님은 어떤 분이시며, 우리에게 베푸시는 은혜적인 삶은 무엇입니까?

첫째, 절망 가운데서 끌어내시는 하나님이십니다.

1절을 보면 "여호와여 내가 주를 높일 것은 주께서 나를 끌어내사 내 원수로 하여금 나로 말미암아 기뻐하지 못하게 하심이니이다"라고 했고, 3절에는 "여호와여 주께서 내 영혼을 스올에서 끌어내어 나를 살리사 무덤으로 내려가지 아니하게 하셨나이다"라고 했습니다. 여기서 끌어낸다는 것은 깊은 웅덩이에 빠져 자기 힘으로 나올 수 없을 때 끌어내 주는 것을 말합니다.

이 세상을 사노라면 누구나 전혀 생각하지 못했던 일로 인하여 인생의 밑바닥으로 굴러떨어질 때가 있습니다. 어떤 사람은 잘 나가다가 문제가 생겨 굴러떨어질 때가 있고, 어떤 사람은 이유 모를 불치병에 걸려 떨어질 때가 있으며, 사업에 실패하여 알거지가 되기도 하고, 정치판에 밀려 감옥에 가는 경우도 있고, 죽을 때까지 사랑하며 살 줄 알았던 부부가 하루아침에 남남이 되고, 멀쩡하던 자녀를 잃어버리고 실의에 잠긴 부모도 있을 것입니다.

다윗도 이런 경험을 몇 번 했습니다. 사울 왕의 숙청으로 죽음의 추격을 당한 적이 있었고, 아들 압살롬의 반란으로 정권을 빼앗기고 목숨만 부지하여 밤중에 도망자의 신세로 전락하고, 주위의 반역으로 많은 고통과 어려움의 구렁텅이에 빠질 때가 있었습니다.

그때 다윗이 느낀 괴리감이 무엇이겠습니까? '내 인생은 여기서 끝났다'는 것 아니겠습니까? 그러나 다윗의 신앙고백은 무엇입니까? 이 기가 막힌 구렁텅이에서 건져 주신 하나님께 감사를 드리고 있지 않습니까?

어떤 절망적인 상황 가운데서도 자기를 건져 주시는 하나님에 대한 절대적인 믿음을 고백하며 찬송합니다. 바로 건져 주시고, 고쳐 주시고, 도우시는 하나님의 은혜를 알고 있었던 것입니다. 다윗은 이런 은혜를 알고 믿음을 잃지 않기 위하여 항상 은혜를 잘 관리하는 하나님의 사람이었습니다.

둘째, 고치시는 하나님이십니다.

2절을 보면 "여호와 내 하나님이여 내가 주께 부르짖으매 나를 고치셨나이다"라고 했습니다. 하나님께서 무엇을 은혜로 고쳐 주셨습니까? 우리의 사회적인 장애를 고치셨습니다. 병든 영혼, 병든 육신, 병든 환경은 얼마나 비참합니까? 예수도 모르고 살아가는 가난하고 병든 우리들, 이건 불행 그 자체입니다. 하나님은 우리의 병든 모습을 보고 즐기시는 분이 아니라 우리의 병든 모든 것을 치유하시는 하나님이시며, 전인적으로 병든 삶의 부분까지도 은혜로 고쳐 주시는 사랑의 하나님이십니다.

지금 이 시대가 얼마나 병들어 있는지 우리가 잘 알고 있습니다. 말로 다 표현할 수 없는 죄의 구렁텅이에 빠져 죽어가는 중환자의 삶을 살고 있습니다. 얼마 전에 세상을 시끄럽게 했던 '어금니 아빠'라는 사건만 보더라도 우리는 우리가 상상할 수 없는 무서운 범죄의 현장에 서 있음을 실감합니다.

하나님의 은혜가 아니면 이런 무서운 세상이 치유될 수 있겠습니까? 하나님은 이런 병든 세상을 고치기 위해 우리에게 오셨던 것입니다.

셋째, 도우시는 하나님이십니다.

10절을 보면 "여호와여 나를 돕는 자가 되소서"라고 했습니다. 다윗을 도우려면 먼저 그를 잘 알아야 합니다. 나를 잘 알아야 나를 도울 수 있습니다. 나를 나보다 더 잘 알고 계시는 주님만이 나를 도울 수가 있습니다.

시편 139편 1절을 보면 "주께서 나를 살펴 보셨으므로 나를 아시나이다"라고 했고, 2절에는 "내가 앉고 일어섬을 아시고", 3절에는 "나의 모든 행위를 익히 아시오니", 4절에는 "내 혀의 말을 알지 못하시는 것이 하나도 없으시니이다"라고 했고, 13절에는 "주께서 내 내장을 지으시며 나의 모태에서 나를 만드셨나이다"라고 했으며, 16절에는 "내 형질이 이루어지기 전에 주의 눈이 보셨으며"라고 했고, 23절에서는 "내 마음을 아시며 나를 시험하사 내 뜻을 아옵소서"라고 했습니다. 우리를 이보다 더 잘 알 수 없습니다.

하나님은 우리의 어려움을 아십니다. 하나님은 나의 곤고함을 아십니다. 하나님은 구경꾼이 아닙니다. 나를 도우시고 살려 주십니다. 나를 건져 주시고, 고쳐 주시고, 도와주시는 하나님께 감사하는 마음을 가집시다.

4절을 보면 "주의 성도들아 여호와를 찬송하며 그의 거룩함을 기억하며 감사하라"고 했습니다. 하나님께서 우리에게 가장 먼저 하기를 원하시는 것이 하나님께 찬송하고 감사하는 일입니다. 내 생명이 붙어 있는 동안 하나님을 기쁘시게 하는 것이 자녀의 도리입니다.

그럴 때 5절을 보면 "그의 노염은 잠깐이요 그의 은총은 평생이로다 저녁에는 울음이 깃들일지라도 아침에는 기쁨이 오리로다"라고 나옵니다. 하나님께 대한 은혜의 소중함을 알고 잘 가꾸어 나가는 사람은 시련이 오더라도 시련을 통하여 하나님께서 더 큰 축복으로 함께하시는 것을 알 수 있습니다.

하나님의 은혜로 우리가 살아가고 있다는 사실을 알고 우리를 끌어내시고, 고치시고, 도우시는 하나님을 찬양하고 감사하는 믿음의 자녀가 됩시다.

2017. 11. 24.

15
부정적인 말과 생각

`롬 8:8-9`

"육신에 있는 자들은 하나님을 기쁘시게 할 수 없느니라 만일 너희 속에 하나님의 영이 거하시면 너희가 육신에 있지 아니하고 영에 있나니 누구든지 그리스도의 영이 없으면 그리스도의 사람이 아니라."

그리스도인은 부정적인 말이나 생각은 하지 않아야 합니다. 부정적인 말과 생각은 자신을 파괴하고 상한 심령으로 악한 마귀에게 시달릴 수 있는 빌미를 제공하기 때문입니다.

언어나 생각은 컴퓨터 자료를 입력하는 것과 같습니다. 입력된 자료는 지우거나 버리지 않고는 절대로 사라지지 않습니다. 어떤 사람이 아주 무능력하고 소극적이며 어둡고 눌린 삶을 살고 있다고 가정하면 그의 문제는 무엇이겠습니까? 여태껏 살아오면서 부정적인 언어와 부정적인 생각으로 살아온 결과라고 말할 수 있습니다. 다시 말하자면 자신의 생각에 입력된 내용이 언어로 나오기 때문입니다.

우리 하나님께서 우리를 창조하실 때 그렇게 불량품으로 창조하시지 않았을 것입니다. 하나님은 우리를 온전히 창조하셨고, 우리에게 삶을 개척하고 다스릴 수 있는 창조적인 마음과 생각을 주셨습니다. 그럼에도 불구하고 우리 스스로 그 마음과 생각을 제대로 사용하지 못한 것입니다.

저는 상담을 하면서 어둡고 비참하게 살아온 사람들을 대할 때 이런 이야기를 많이 합니다.

"당신 안에 입력된 생각과 말이 부정적이지는 않습니까? 그렇다면 지금 긍정적인 마인드로 바꾸셔야 합니다."

그런데 대부분의 상담자들은, 자신은 그렇게 살고 싶은데 외부 환경이나 조건 자체가 그렇지 못하다는 것입니다.

잠언 4장 23절을 보면 "모든 지킬 만한 것 중에 더욱 네 마음을 지키라 생명의 근원이 이에서 남이니라"고 하였고, 잠언 23장 7절을 보면 "대저 그 마음의 생각이 어떠하면 그 위인도 그러한즉"이라고 했습니다.

행복하고 기쁜 삶을 영위하기 위해서는 자신의 생각과 마음을 잘 관리하고 지키는 것이 너무나 중요하다는 것을 우리는 잘 알고 있습니다. 우리가 사는 세상은 천국이 아닙니다. 그러므로 이 땅에서 주님의 영으로 살아가기가 힘듭니다. 그리스도인이라고 해서 그리스도의 영으로 살아갑니까? 그렇다면 얼마나 좋겠습니까? 그러나 그렇게 사는 사람들을 찾아보기가 쉽지 않습니다.

오늘 본문인 로마서 8장 8-9절 말씀에도 "육신에 있는 자들은 하나님을 기쁘게 할 수 없느니라 만일 너희 속에 하나님의 영이 거하시면 너희가 육신에 있지 아니하고 영에 있나니 누구든지 그리스도의 영이 없으면 그리스도의 사람이 아니라"고 했습니다.

그리스도의 영으로 사는 그리스도인들은 날마다 자신의 마음과 생각을 지켜야 하고 그 생각과 언어를 주님께 의탁해야 합니다. 그러지 않으면 본의 아니게 많은 사람들에게 상처를 주고, 자신이 원하는 사랑과 섬김의 삶을 살아가지 못할 것입니다.

저는 얼마 전에 교회 청년들에게 자신을 비난하는 어떠한 말도 받아들이지 말라고 가르쳤던 기억이 납니다. 이것은 아주 중요한 메시지입니다. 왜냐하면 가족이나 가까운 관계에 있는 이들일수록 쉽게 정죄하거나 비난을 할 수 있기 때문입니다. 이러한 비난과 정죄는 결코 주님의 음성이 아닙니다.

어떤 사람은 그런 권면이나 말을 통해 더 겸손해져야 하지 않느냐고도 합니다. 그러나 그런 판단이나 비난과 정죄는 결코 주님의 사랑으로부터 오지 않습니다. 그러한 비난과 정죄의 부정적인 언어는 우리 영혼을 실족시키고 침체시키는 요인이 될 수 있습니다.

가끔 부모들이 속이 상해서 자녀들에게 하는 말 중에 이런 말이 있습니다. "너는 도대체 뭐가 되려고 그러니?", "너는 내 속을 뒤집어 놓으려고 태어났니?", "너는 무엇 하나 제대로 하는 것이 없니?" 등입니다.

이 외에도 다 말하기 어려울 정도로 많은 표현이 있습니다. 이런 부정적인 말이 내 안에 축척되기 시작하면 상처가 쌓여 삶과 미래에 큰 손상을 줍니다.

"그래, 나는 아무짝에도 쓸모가 없어. 무엇 하나 제대로 하는 것이 없어. 그런 내가 무슨 주님의 일을 하겠다고 나서냐" 하는 등의 열등감과 자기 부정으로 자신을 우울하게 만드는 경우가 허다합니다.

주님의 음성은 어떠합니까? 그분의 음성은 사랑스럽고 따뜻하며, 우리의 연약함을 지적하는 것이라 해도 거기에는 사랑과 위로와 격려가 전제되어 있습니다. 판단하고 비난하고 정죄하는 날카로운 독가시 같은 것은 전혀 없습니다.

사람들은 가까운 가족이나 친구들로부터 이러한 말을 들을 때 화를 내기도 하고 상처를 받기도 합니다. 이럴 때 우리가 자신의 영혼을 지키지 못하면 결국 상한 심령이 되어 부정적이고 패쇄적이 되며 관계 불화나 우울함으로 악한 영에게 눌림을 받고 영적으로 시달리게 됩니다.

그러므로 절대로 상대를 미워하거나 적대적으로 변하여 나도 같이 비난하고 정죄해서는 안 됩니다. 이렇게 되는 것이 마귀의 목적이기 때문입니다. 우리는 이럴수록 자신을 지키기 위한 방어 기도에 힘써야 하고, 오히려 상대를 긍휼히 여기는 마음이 있을 때 스스로 긍정적인 믿음을 가지고 승리할 수 있습니다.

신앙적으로 주님을 경험하고 그 안에 사는 것은, 어떤 신비하고 황홀한 느낌 속에서 항상 붕 떠 있는 것이 아닙니다. 그것은 날마다 일상의 삶 속에서 주님의 사랑과 긍휼과 자비를 가지고 아름답게 살아가는 것입니다.

우리의 모든 관계가 그렇게 서로 축복하고 격려하며 세워 주는 관계가 된다면 가정이든 사회든 공동체든 모두가 천국의 삶이 될 것입니다. 아직 그것이 부족하기 때문에 많은 관계들이 불행하고 부정적으로 생각하고 서로 정죄하고 판단하는 가운데 서로 힘들어하고 고통스러워하는 것입니다.

우리가 주님을 알면 알수록 더욱더 부정적인 독소는 빠지고 우리의 생각과 말이 긍정적이고 창조적으로 변화되어 나갈 것입니다. 주님은 우리를 사랑하시고 우리를 긍휼히 여기시며 사랑과 자비로 위로하고 격려하시는 분입니다. 주님은 우리를 세워 주시고 빛 가운데로 인도하시는 분입니다. 우리의 죄를 용서하시고 우리의 부족함을 채워 주시는 분입니다. 이처럼 서로 사랑합시다.

2017. 12. 1.

16
고통과 기쁨의 십자가

히 12:2

"믿음의 주요 또 온전하게 하시는 이인 예수를 바라보자 그는 그 앞에 있는 기쁨을 위하여 십자가를 참으사 부끄러움을 개의치 아니하시더니 하나님 보좌 우편에 앉으셨느니라."

저는 가끔 교회에서 봉사하고 헌신하는 성도들에게 하는 말이 있습니다. "열심히 하는 것보다 기쁘게 하고, 기쁘게 하는 것보다 즐기면서 하라"는 것입니다. 공부하는 학생이 열심히 하는 것도 중요하지만 스트레스 받지 않고 기쁘게 하는 것이 좋고, 이왕이면 즐기면서 하면 더 효과적일 것입니다.

신앙생활도 마찬가지라고 봅니다. 교회만 열심히 다닌다

고 되는 것이 아니라 신앙생활을 기쁘고 즐겁게 해야 신앙적으로 성숙해집니다.

그런데 우리가 즐겨 부르는 찬송 중에 이런 내용의 가사가 있습니다.

"내 주를 가까이 하게 함은 십자가 짐 같은 고생이나 내 일생 소원은 늘 찬송하면서 주께 더 나가기 원합니다."

이 가사의 내용처럼 우리가 주님 앞으로 나아가는 것이 십자가를 정말 지는 것 같은 고통입니까? 사랑하는 부부 사이에서 상대가 "당신과 사는 것이 너무 힘들고 고통스럽고 당신과 함께 있는 것이 마치 큰 십자가를 메고 가는 것 같아"라고 한다면 과연 진정으로 사랑하는 사이일까요? 그래서 저는 신앙생활을 기쁘게 즐겁게 해야 한다고 말씀 드립니다.

대부분의 성도들이 신앙생활을 바로 하기가 힘들다는 표현을 많이 합니다. 그래서 그런지 기독교인들이 오히려 일반 사람들보다 어둡다는 말을 많이 듣습니다. 정말 우리의 신앙생활이 이처럼 피곤하고 고통스럽고 힘든 것일까요?

그렇지 않습니다. 성령이 임하면 날마다 새 힘을 공급하여 주셔서 곤비하지 않습니다. 단지 우리의 신앙적인 생각의 변화가 필요할 뿐입니다. 저도 예전에 목회 초기에는 환경적인 어려움으로 목회를 너무 힘들게만 생각하고 기쁨 하나 없이 하다 보니 영적으로 침체되어 무기력했던 적이 있었습니다.

이것 하나는 확실하다는 것을 기억하셔야 합니다. 무엇에 대해 즐기지 못하고 그저 참고 인내하는 것이라면 아마 좋은 결과를 내지 못할 것입니다.

예를 들어서 남편이 자기 십자가라고 생각하는 아내는 남편이 불신자인 경우 그를 하나님 앞으로 인도하는 것은 거의 불가능할 것입니다. 남편은 그녀가 사랑하는지 참고 있는지에 대해서 잘 알고 있을 것입니다.

어떤 직장인이 자신의 까다로운 상사에 대해서 스트레스 받는 것을 인내하고 또 인내한다고 가정하면, 그 직장 상사는 그 사람에게 더욱더 까다롭게 굴 것입니다. 인내로는 상대를 변화시킬 수 없으며 승리할 수도 없습니다.

본인이 그를 대하는 것이 기쁘고 즐겁지 않다면 상대방 역시 마찬가지일 것입니다. 고통은 고통을 끌어당기고 즐거움은 즐거움을 끌어당깁니다. 참는 것으로는 즐거움을 끌어당기지는 못합니다. 우리가 어떤 것을 즐거워하지 않고 억지로나 고통스럽게 여긴다면 우리는 그것을 잘할 수 없을 것입니다.

내가 그것을 싫어하면 그것도 나를 싫어한다는 영적 원리를 잘 알아야 합니다. 내가 상대방을 미워하면서 상대방이 나를 사랑해 주기를 기대할 수 없는 것과 같은 이치입니다.

저의 딸이 중학교를 다닐 때 영어를 엄청나게 싫어하고 수학을 좋아했습니다. 그래서 성적표를 받아 보면 영어 성적은 언제나 하위이고 수학 성적은 대체로 좋은 편이었습니다. 어느 날 딸과 공원을 산책하다가 단 둘이 있을 때 이런 이야기를 한 적이 있었습니다.

"네가 영어를 싫어하면 영어도 너를 좋아하지 않아서 영어 공부가 지루하고 따분해질 거야. 하지만 네가 영어를 좋아하면 영어도 너를 좋아해서 공부할 때 신나고 기쁠 거야. 그리고 영어 성적도 잘 나올 거고. 사람이 자기가 싫어하는 것에 대해서는 아무리 열심히 하고 노력해도 고생은 고생대로 하고 좋은 결과를 얻을 수 없어. 그러니 너도 마음을 바꿔서 영어를 지겹다고만 생각하지 말고 좀 더 관심과 애정을 가지고 기쁘게 해 보아라."

그 이후로 딸은 영어를 좋아하게 되었고 영어 공부를 즐겁게 하기 시작하여서 지금은 영어권 나라에 살면서 영어 박사가 될 정도로 영어에 대한 애정이 깊습니다.

인내하는 것이 힘이 아닙니다. 고통을 참고 견디는 것도 능력이 아닙니다. 참다운 능력은 그 대상을 즐거워하며 하는 것입니다. 우리가 어떤 사람을 좋아하지 않는다면 우리는 아무리 많은 기도를 해도 그 사람을 변화시킬 수 없습니다. 우리가 어떤 상황을 좋아하지 않고 그저 참고 버틴다면 그 상황은 잘 바뀌지 않고 오히려 이전 상황보다 더 어려워질 것입니다.

저는 장기를 좋아해서 가끔 마음이 맞는 사람과 한 번씩 장기를 두는 가끔 옆에서 이런 질문을 합니다. "장기 잘 두는 비결이 있습니까?" 어떤 사람이 장기를 잘 두겠습니까? 장기를 좋아하는 사람입니다. 어떤 사람이 공부를 잘할까요? 공부를 좋아하는 사람입니다. 운동을 잘하는 사람 역시 운동을 좋아하는 사람입니다.

그러므로 무엇이든지 억지로 하기보다는 매사에 즐기며 할 수 있는 훈련이 필요합니다. 아주 성격이 강퍅하고 까다로운 사람을 대할 때 그것을 참으려고 하면 안 됩니다. 그러한 만남을 허락하신 주님께 감사를 드리면서 '아! 저런 괴팍한 사람도 있구나' 하면서 그 상황을 즐기려는 마음을 가져 보면 완전히 상황이 달라집니다. 이처럼 의식의 변화에 따라서 동일한 상황이라도 다르게 느껴집니다.

우리의 삶이 고통의 십자가뿐입니까? 그렇지 않습니다. 우리의 삶은 주님이 감추어 놓으신 무한한 은혜와 영광과 아름다움과 풍성한 기쁨으로 가득 차 있습니다. 우리의 의식과 마음을 조금씩 바꾸어 나가는 것으로부터 시작이 됩니다. 그러므로 무엇이든지 마지못해 억지로 하기보다 기쁨을 가지고 즐겁게 하는 것이 기쁨의 십자가를 지는 것입니다.

이를 악물고 억지로 잘 믿으려고 몸부림치지 말고 좀 더 즐겁고 재미있게 믿으며, 교회 나오는 것도 피곤하고 힘이 들지만 오늘도 영적 전투에서 승리해야 한다는 각오로 어렵게 출석할 것이 아니라 주님을 만나는 기쁨과 행복감에 젖어 감사함으로 다녀야 합니다.

어려운 상황을 즐기고 기쁨으로 십자를 즐기시기를 주의 이름으로 축원합니다.

2017. 12. 8.

17
현재와 미래의 행복

약 4:14

"내일 일을 너희가 알지 못하는도다 너희 생명이 무엇이냐 너희는 잠깐 보이다가 없어지는 안개니라."

● ✝ ●

　상담을 하다 보면 사람들을 많이 만나게 되고 또 피상담자의 내면까지 알게 되는 경우가 많습니다. 그 가운데 얼마 전에 모 교회 P권사님의 사정을 얘기해 볼까 합니다.

　P권사님은 70년대 초 시골에서 아름다운 꿈을 가지고 10대 때 서울로 상경했다고 합니다. 자신이 꿈꾸는 아름다운 미래를 위하여 열심히 공장 일을 하면서 야간에는 고등학교와 대학교까지 마치고 학교에서 만난 지금의 남편과 결혼하여 지금까지 열심히 앞만 보고 달려왔습니다. 그런데

갑자기 대장암 말기라는 엄청난 충격에 쓰러져 중환자실에 입원해 있다가, 지금은 요양 차 저희 수양관에 계시게 되었습니다.

이분은 사는 것이 바빠서 또 미래의 자신이 원하는 아름다운 꿈을 이루기 위하여, 40년을 서울에서 살았지만 남산 한 번 올라가지 못하고 남들 다 가 보는 해외 여행 한 번 못해 보았다는 하소연을 저에게 하였습니다. 물론 1남2녀의 자녀들을 다 잘 키우고 가정은 성실히 이루었지만 자신이 죽을병에 걸리고 보니 후회스러운 일이 한두 가지가 아니라고 말하며 서러움에 복받쳐 우는 모습을 보면서 저 역시 깨달은 바가 컸습니다.

시간은 과거, 현재, 미래로 나뉩니다. 과거가 있기에 현재가 있고 현재가 있기에 미래가 있습니다. 그런데 과거와 미래라는 것이 실제로 있는 것일까요? 오직 지금 존재하는 것은 현재입니다. 과거도 그 당시에는 현재이고 미래도 그때가 되면 현재가 됩니다. 그렇다면 과거에 매달려서 벗어나지 못하고 현재를 잃어버린다면 그것만큼 어리석은 삶은 없을 것입니다. 또 아직 존재하지 않는 미래를 위하여 P권사님처럼 현재를 불행하게 사는 것도 바람직하지 않습니다.

무엇보다도 중요한 것은 현재입니다. 현재에서만이 우리는 자신을 바꿀 수 있으며, 새로운 삶을 살 수 있고 성장해 나갈 수 있습니다.

과거의 기억을 통해서 얻게 된 반성이나 통찰력을 통해서 지금 무엇인가를 심고 있다면 그는 현재를 살고 있는 것입니다. 즉 현재의 기회를 잘 사용하고 있는 것입니다. 그러나 앉아서 과거에 대한 공상이나 회한에 잠겨 있거나 지나간 과거의 아픔과 슬픔에 젖어 있다면 그는 현재를 잃어버리고 과거에 묶여 살아가는 것이며, 과거에 사로잡혀 현재를 잃어버리는 것은 그림자에 몰두하여 현실을 잃어버리는 것과 같습니다.

그런데 과거에 묶여 속는 것만큼 어리석은 일이 있습니다. 그것은 또한 미래에 속는 것입니다. 즉 미래를 위하여 현실의 삶을 잃어버리는 것입니다.

노인들이 과거 때문에 현재를 잃어버린다면, 젊은이들은 미래 때문에 현재를 잃어버립니다. 그래서 존재하지 않을 미래를 위하여 마치 꿈을 꾸듯이 현재의 삶을 상실하는 경우가 있습니다.

두려움이 무엇입니까? 그것은 존재하지도 않을 미래에 대한 허상입니다. 그런 쓸데없는 미래의 대한 망상 때문에 지금 현실을 낭비하며 사는 사람들이 많습니다.

주님께서는 내일 일을 위하여 염려하지 말라고 말씀하셨습니다. 내일이 아닌 바로 지금의 삶을 위하여 헌신하라고 하셨습니다. 미래를 위하여 희망을 가지고 도전하는 도전의식이 나쁘다는 것이 아닙니다. 오늘의 문제는 내일의 답이듯이 현실이 없으면 미래도 없는 것입니다.

미래를 위하여 이 순간을 희생하는 것을 가지고 흔히들 내일을 준비하는 지혜라고 생각하지만 일종의 묶임입니다. 미래는 지금 만들어지는 것이며, 지금을 잃어버리면 미래도 없습니다. 지금을 잃어버리고 미래에 대한 준비에 몰두하는 사람들은 막상 미래의 시간이 다가오면 그때를 잃어버리고 또다시 미래를 위하여 끝없이 준비할 것입니다. 그들에게는 현재의 행복이 없습니다. 항상 언젠가 오게 될 미래만이 존재할 것입니다. 그것은 우리의 삶을 허상 같은 인생으로 만드는 것입니다. 꿈속의 인생이며 그림자 같은 인생입니다. 그러므로 이 순간 지족하고 이 순간 최선을 다하는 사람이 행복한 삶을 누릴 수 있습니다.

어떤 사람이 이런 생각을 하고 있다고 가정해 보겠습니다. '나는 지금 내가 하고 있는 일 때문에 아주 바쁘다. 그래서 정말 내가 하고 싶어 하는 일이 많지만 그것을 할 여유가 없다. 그러니까 빨리 이 일을 마무리해 놓고 그 일을 해야겠다.' 이런 생각은 항상 그 사람의 잠재의식에 입력되어 있습니다. '나는 지금 내가 좋아하는 것을 할 시간이 없고 여유가 없다. 내가 좋아하는 것은 나중에 언젠가 시간이 나면 해야지' 하는 생각입니다. 우리 영혼에 자신에 대한 부정적인 인식이 입력되어 있는 것입니다.

그렇게 입력된 인식이 시간이 지나면 자동으로 소멸되어 버릴까요? 아닙니다. 그것은 잠재의식에 입력되어 지속적으로 발휘합니다. 드디어 어느 정도 할 일을 마쳤습니다. 그렇기 때문에 내가 하고 싶은 일을 할 수 있을까요? 그렇지 않습니다. 여유가 있어도 '나는 내가 좋아하는 일을 할 수 없다'는 인식이 내면에 입력되어 있고 형성되어 있기 때문입니다.

앞에 말씀 드린 P권사님이 몸이 건강하고 괜찮으시다면

한이 된 남산에 올라가 볼까요? 사람에 따라 다르겠지만 대부분의 사람들은 다시 예전의 삶 그대로 지속할 것입니다. 그 상황이 오면 내가 하고 싶은 일을 하지 못하는 다른 일이나 이유가 생길지도 모릅니다. 그리고 다시 생각할 것입니다. '나는 내가 원하는 그 일을 지금은 할 수 없어. 나중에 해야지' 하고 다시 원상 복귀할 가능성이 많습니다.

흔히 사람들은 미래를 위하여 지금 이 순간을 희생해야 한다고 생각합니다. 지금 이 순간을 즐길 수가 없다고, 미래를 위하여 준비해야 하며 그러므로 지금 고통과 괴로움은 참아야 한다고 생각합니다.

부부 상담을 하면서 가장 많이 듣는 소리가 앞으로 잘 하겠다는 것입니다. 그러나 현재가 행복하지 않으면 미래의 행복도 보장되지 않습니다. 그래서 저는 지금 두 사람이 서로 용서하고 지금 당장 사랑하는 마음을 갖고 기쁘게 살기를 권면합니다.

오늘 본문의 말씀도 그러한 내용이며 의미라고 할 수 있습니다.

"내일 일을 너희가 알지 못하는도다 너희 생명이 무엇이냐 너희는 잠깐 보이다가 없어지는 안개니라."

현재의 행복이 미래의 행복입니다. 오늘 이 순간을 행복하게 삽시다. 그래야 미래도 행복해질 수 있습니다.

2017. 12. 15.

18
비난보다는 칭찬

마 7:1-2

"비판을 받지 아니하려거든 비판하지 말라 너희가 비판하는 그 비판으로 너희가 비판을 받을 것이요 너희가 헤아리는 그 헤아림으로 너희가 헤아림을 받을 것이니라."

오늘 본문 말씀 마태복음 7장 1-2절에서 "비판을 받지 아니하려거든 비판하지 말라 너희가 비판하는 그 비판으로 너희가 비판을 받을 것이요 너희가 헤아리는 그 헤아림으로 너희가 헤아림을 받을 것이니라"고 했습니다. 풍성한 삶과 아름다운 대인관계를 위해서는 비판보다는 칭찬하는 것이 좋은 관계 열매를 맺을 수 있습니다.

우리 교회 예찬부에서 있었던 일입니다. 새로 들어온 어느 성도가 헌신하고자 하는 마음에 자진하여 설거지 봉사를 하고 있었는데, 그것을 담당하던 권사님이 한마디 하기를 "집사님, 이왕 설거지를 하시려면 좀 더 깨끗이 씻고 행구세요"라고 했답니다. 권사님 입장에서는 생각 없이 한 말이었고, 책임자로서 할 수 있는 말이었습니다. 그러나 그 얘기를 들은 신입 성도님은 아무 말 없이 가 버렸습니다.

그것에 대한 권사님의 분노가 폭발해서 "아니, 내가 못할 말을 했나? 설거지를 돕다가 중간에 가 버리는 건 무슨 경우야!" 하고 화를 참지 못했습니다. 그 이후로 두 사람의 관계가 극도로 악화되어 3년이 지난 지금까지도 말을 하지 않는다고 합니다.

저는 권사님이 비난보다는 칭찬을 했더라면 하는 아쉬움이 남습니다. 비난은 어떤 효과가 있습니까? 아무런 긍정적인 효과도 없습니다. 오직 사람에게 해만 끼칩니다. 사랑의 권면과 비난은 다릅니다. 아무리 사랑의 권면이라고 하더라도 상대방이 비난이라고 느끼면 그것은 비난입니다. 설사 의도가 잘못 전달되었다고 해도 그 책임은 전달자에게 있습니다.

혹시 내 주위에 나를 따르고 보고 싶어 하고 그리워하는 사람들이 많이 있습니까? 아니면 나 혼자이고 아무도 나를 사랑하지 않는다고 느끼며 주위의 사람들은 서로 즐거워하면서 나에게는 별로 친근감을 갖지 않는 것같이 고독합니까? 만약 그런 상황에 있다면 스스로 자신의 인간관계를 다시 한 번 살펴보는 계기가 되었으면 합니다.

비난은 자신의 내면과 영적인 문제라고 할 수 있습니다. 마음의 상처로 인한 적대감이나 공격적인 영의 상태를 의미합니다. 누가 자기를 비난하고 찌르는 것을 좋아하겠습니까? 억지로 그 자리에 있어야 하는 사람 외에는 아무도 그와 함께하지 않을 것입니다.

잘못이 있더라도 사람은 때리고 찔러서 변화되는 존재가 아닙니다. 악을 대적하고 비난하고 드러내는 것, 그것으로 악이 소멸되지 않습니다. 그래서 예수님께서는 악을 악으로 대적하지 말라고 하셨습니다. 그런 방법으로는 악을 바꿀 수 없다는 말씀입니다.

무례한 자를 비난하고 때린다고 그가 잘못을 깨닫고 자상한 사람으로 변화될 수 있겠습니까? 아주 인색한 사람이 있는데 그 사람을 두고 인색하다고 비난하고 때린다고 그가 욕먹고 얻어맞은 후에 베풀기 좋아하는 사람으로 바뀔 수 있을까요? 그것은 불가능한 일입니다.

어둠은 어둠에게 빛을 줄 수 없습니다. 오직 빛이 빛을 공급할 수 있습니다. 악은 선과 사랑과 아름다움을 통해서 없어지는 것이지 비난하고 개혁한다고 해서 없어지는 것이 아닙니다.

세상에는 각양각색의 사람들이 살고 있습니다. 다양한 생각과 의견이 나와 맞지 않는다는 생각에 부정적인 사고로 상대를 비난하기보다는 사랑과 선한 마음으로 위로하고 격려하는 칭찬 섞인 말 한마디가 상대를 감동시키고 변화시키는 계기가 될 수 있습니다.

비난은 우리의 심령에서 옵니다. 내 영혼이 어둡고 강퍅하기 때문입니다. 내 영혼의 눈과 마음이 어두워서 온갖 단점만 보이고 장점은 보이지 않습니다. 우리가 세상의 모든 길을 비단으로 다 덮을 수는 없어도 내가 비단 신발을 신으면 모든 길이 비단 길이 되듯이, 내 마음판이 꽃밭이라면 세상 모든 것이 꽃처럼 아름답게 보일 것입니다.

무엇을 어떻게 보고 받아들이느냐에 따라 상황은 다르

게 보입니다. 어떤 사람이 고속도로를 가는데 이상하게도 그날따라 모든 차가 역주행하고 있는 것입니다. 그는 몇 번이고 정면충돌할 뻔하면서 아슬아슬하게 곡예운전을 하면서 가고 있는데, 그 순간 휴대 전화가 울리면서 아내에게 전화가 왔습니다.

"여보, 조심하세요. 지금 TV를 보고 있는데 당신이 가고 있는 고속도로에 어느 미친 사람 하나가 술에 취해 역주행하고 있어요." 이 남자가 급하게 전화를 끊으면서 "전화 끊어. 지금 미친놈이 한두 놈이 아니야……"라고 했습니다.

물론 우스갯소리이지만 여기서 우리가 얻어야 할 교훈이 있습니다. 내 눈에 모든 사람들이 나빠 보이고, 모든 상황이 잘못되어 보이고, 대부분의 사람들이 답답해 보인다면, 지금 나 혼자서 고속도로를 거꾸로 달리고 있는 것인지도 모릅니다.

그 무엇보다도 비난하고 판단하는 일은 나 자신을 먼저 파괴합니다. 비판하는 그 순간부터 더 외로워지고 절망하게 될 것입니다. 비난은 나도 남도 아무도 행복하게 만들 수 없습니다.

진정한 권위는 사랑에서 옵니다. 어떤 악한 사람이라도 자기를 좋아하는 사람 앞에서는 약해지기 마련입니다. 공격하는 사람 앞에서는 자기를 방어하려 하지만 자신을 진정으로 사랑하고 좋아하는 사람 앞에서 자신을 방어하려고 각을 세우는 사람은 없습니다.

우리가 누군가를 좋아하지 않는다면 우리에게는 권위가 있을 수 없습니다. 아무리 설득력 있는 말로도 상대를 변화시킬 수 없습니다. 그러므로 입을 다무는 것이 더 설득력 있는 방법일 수 있습니다.

그러나 누군가가 너무 사랑스럽고 좋으면, 상대방도 그것을 알고 느낄 수 있다면, 무엇이든 부담 없이 말할 수 있을 것입니다. 우리가 야단을 쳐도 거기에는 어떤 권위가 따라 주어야 합니다. 그럴 때 상대방이 야단을 맞아도 상처가 되지 않고 아프지 않습니다.

오늘날 사람들이 지치고 외롭고 피곤한 것은 진리의 말씀이 부족해서가 아닙니다. 지혜와 판단 능력이 부족해서가 아닙니다. 그저 받아 주고 따스한 위로와 격려로 사랑해 주는 사람들이 부족하기 때문입니다. 무조건 잘못을 지적하고 비난하며 잔소리하는 것보다는 사랑하고 용서하고 칭찬하는 것이 더 큰 힘을 발휘할 수 있습니다.

사랑하는 마음이 없다면 함부로 상대를 비난하고 판단하기보다는 오히려 입을 다물고 지켜보는 것이 더 현명한 방법인지도 모릅니다. 아름답고 풍성한 삶을 위하여 아무에게나 섣불리 판단하거나 비난하는 것을 버려야 합니다. 함부로 정죄하는 것도, 누구를 탓하는 것도 버려야 합니다.

우리가 생각하는 것처럼 모든 사람은 악하고 나쁘지 않습니다. 험한 세상 사노라 상처 많고 슬프고 부족한 사람들일 뿐입니다. 받을 수 있는 사람에게는 사랑을 주고, 받을 수 없는 사람은 주님께 맡기고 기다려 주어야 합니다. 여러분 모두가 그리스도의 사랑의 통로가 되시기를 축원합니다.

2017. 12. 22.

19
빛과 어둠의 영적 원리

요 12:46

"나는 빛으로 세상에 왔나니 무릇 나를 믿는 자로 어둠에 거하지 않게 하려 함이로라."

　교회에서 봉사를 열심히 하는 A집사와 B집사는 처음 만났을 때부터 친자매처럼 지냈습니다. 어느 날 갑자기 서로 피하고 말을 하지 않기에 그들에게 물어 보았습니다. "집사님 두 분이 그렇게 친하게 지내시다가 요즘 두 분의 사이가 왜 그러세요?" 했더니 두 분 다 '잘 맞지 않는다'는 말을 했습니다. 무엇이 잘 안 맞을까요?

　A집사는 비교적 조용하고 내성적이며 일을 할 때도 차분하게 하는 편입니다. 거기에 비해 B집사는 성격이 외향

적이고 사교적이며 무슨 일을 할 때 말이 많고 생색내기를 좋아하는 편입니다. 처음에는 두 사람이 자기와 반대라서 서로 좋아하였는데 지내다 보니 서로의 장단점이 드러나고 서로가 서로의 단점에 싫증을 느낀 것 같습니다.

사람은 다 각자의 고유한 영을 가지고 있으며 영적인 특성이 다 다릅니다. 그러므로 비슷한 성향을 가진 사람들이 만났을 때 대화가 통하고 즐거움을 느낍니다. 그러나 반대되는 영적인 성향을 가진 사람을 만나면 서로 고통스럽고 괴롭습니다.

남을 섬기고 대접하기를 좋아하는 사람은 비슷한 사람을 만나면 마음이 즐겁습니다. 그러나 남을 지배하고 억누르기를 좋아하며 대접 받기를 좋아하는 사람은 영적으로 전자의 사람과는 맞지 않을 뿐 아니라 서로가 부딪칠 뿐입니다.

조용한 편인 A집사와 말하기 좋아하는 B집사는 서로 맞을 수가 없습니다. 물론 예외는 있겠지만 대부분 영이 맞지 않으면 결국 서로 부딪히기 마련입니다.

사람이 애정을 느끼는 것도 마찬가지입니다. 서로 영이

비슷하기 때문에 호감이 가고 끌리는 것입니다. 그러나 서로 잘 알지 못할 때는 상대방의 영적인 특성을 충분히 파악하지 못했기 때문에 서로 내면보다는 육체적인 매력에 끌리게 됩니다.

그러나 막상 결혼을 해 보니 서로의 가치관이 너무 달라서 그때부터 잘 맞지 않는다는 생각과 아울러 고통을 겪는 경우를 주위에서 많이 볼 수 있습니다. 그것은 영혼의 성향이 다르기 때문입니다. 음란한 기운과 성향을 가지고 있는 사람은 음란한 말이나 그림이나 동영상 같은 것을 볼 때 재미있고 즐겁습니다. 그러나 정결한 마음과 영을 가진 사람은 그런 것들이 혐오스럽고 그런 것을 볼 때 불쾌감을 느낍니다. 만일 그러한 성향이나 분위기를 가진 사람을 만나면 자연적으로 거부감을 일으키고 불쾌해집니다.

어떤 마음씨가 착하고 선한 사람이 있습니다. 그는 어려운 사람들을 도와주기를 좋아하고 다른 사람들을 사랑하고 축복해 주기를 좋아합니다. 그런데 그가 어떤 일로 한 무리의 사람들 사이에 동석하게 되었습니다. 그 무리들은 열심히 남들 험담을 하고 욕설과 짜증과 원망스러운 말을 쉴 새 없이 해댑니다. 그러면 이 사람은 이러한 분위기에서 어떤 느낌을 가지게 될까요? 그는 가슴이 답답하고 머리가 묵직하며 괜히 불안하고 고통스러워질 것입니다. 바로 영적으로 맞지 않는 것입니다.

겸손한 사람은 다른 사람들이 자기를 높여 주고 칭찬하면 몹시 힘들어합니다. 반면에 교만한 영을 가진 사람은 그러한 대우나 접대를 자신의 성공으로 여기고 몹시 기뻐할 것입니다.

그러므로 동일한 환경과 여건이 어떤 사람에게는 불편함이나 고통을 주는가 하면 어떤 사람에게는 즐거움이 됩니다. 그것은 각자가 가지고 있는 영혼의 성향이라고 할 수 있겠습니다.

교만과 분노와 혈기 그리고 미움과 원망 등의 성향을 가지고 지금까지 살아왔다면 그의 삶은 영적으로 어둠 가운데 묶여 있는 것입니다. 그러므로 입으로만 예수를 부르고 믿는 것은 진정한 구원이라 볼 수 없습니다. 그래서 주님은 "주여 주여 하는 자마다 다 천국에 들어갈 것이 아니요"라고 말씀하셨던 것입니다.

예전 목회 초기 때 저는 목회자가 되었음에도 불구하고

제 자신의 기질을 변화시키지 못하고 마음에 많은 분노와 혈기를 가지고 있었습니다. 그래서 목회자로서의 자질을 갖추지 못하고 실수를 많이 하며 어둠 가운데서 예수님을 진정으로 만나지 못했던 시절이었습니다.

어느 날 고속터미널에 있는 기독교서점에 들러서 책을 샀는데 주차증을 받지 못하고 내려왔습니다. 서점이 상가 3층이라 다시 올라가기는 귀찮고 해서 주차 관리 요원에게 잘 설명하고 구입한 책을 보여 주면 되겠다고 생각하고 그렇게 했는데 주차 관리자가 여간 깐깐한 사람이라 그런지 말이 통하지 않았습니다. 그때부터 저의 기질대로 혈기와 분노가 터져 나오고 말았습니다.

구입한 책을 보여 주어도 다시 3층까지 갔다 오라고 하니 "당신, 너무하는 것 아니야" 하고 몸싸움까지 가리려는 찰나에 주차 관리자가 제게 "목사님! 그것이 없으면 제가 대신 주차비를 물어야 합니다" 하고 큰소리를 지르는 겁니다. 이분은 저를 알고 계셨습니다. 그때서야 제가 목사라는 것을 인식하면서 저도 모르게 기운이 죽어버렸습니다. 결국 주차비 1,000원을 주고 뒤도 돌아보지 않고 얼른 도망 왔지만 그 창피스러운 생각은 지금까지 생생하게 남아 있습니다.

그 후 회개하고 두 번 다시는 혈기와 분노로 살지 않겠다는 결심을 주님 앞에 열심히 기도한 덕분에 그러한 실수를 반복하지 않았습니다.

그렇습니다. 우리가 예수 안에 있지 않으면 우리의 정결과 거룩함은 없을 것입니다. 요즈음은 예전의 저처럼 성질내고 분노하는 사람들을 보면 '왜 저럴까?' 하고 이해가 가지 않을 때가 있습니다. 개구리가 올챙이 시절을 잊은 것입니다.

우리는 예수 안에 있을 때 어둠의 영으로부터 자신을 지킬 수가 있습니다. 그러므로 우리는 우리 안에 역사하는 악한 영을 내보내고 악한 영이 거할 수 없도록 아름다운 마음을 품어야 합니다. 우리 마음속에 악한 생각이나 더러운 마음을 품으면 결국 주님이 우리 안에 거하지 못하실 것입니다.

우리의 신앙은 성숙해져서 영이 강해지기도 하고 미성숙하여서 영이 약해지기도 합니다. 우리가 아무리 마귀를 쫓아내고 몸부림쳐도 죄를 미워하지 않고 죄와 쾌락을 좋아하고 즐긴다면 결국 악한 영은 우리를 떠나지 않을 것입니다. 어둠이 빛을 줄 수 없습니다. 오직 빛만이 빛을 줄 수 있습니다. 내가 어둡고 우울하면서 남을 사랑하거나 기쁘게 할 수는 없습니다. 나 자신이 먼저 주님의 빛 가운데 거하는 성숙한 영적인 사람이 됩시다.

2017. 12. 28.

20
위기를 기회로

렘 29:10-14

"여호와께서 이와 같이 말씀하시니라 바벨론에서 칠십 년이 차면 내가 너희를 돌보고 나의 선한 말을 너희에게 성취하여 너희를 이곳으로 돌아오게 하리라 여호와의 말씀이니라 너희를 향한 나의 생각을 내가 아나니 평안이요 재앙이 아니니라 너희에게 미래와 희망을 주는 것이니라 너희가 내게 부르짖으며 내게 와서 기도하면 내가 너희들의 기도를 들을 것이요 너희가 온 마음으로 나를 구하면 나를 찾을 것이요 나를 만나리라 이것은 여호와의 말씀이니라 나는 너희들을 만날 것이며 너희를 포로 된 중에서 다시 돌아오게 하되 내가 쫓아 보내었던 나라들과 모든 곳에서 모아 사로잡혀 떠났던 그곳으로 돌아오게 하리라 이것은 여호와의 말씀이니라."

얼마 전 건강검진을 위해 종합병원을 들렀는데, 환자들이 왜 그렇게 많은지 입원실이 부족하여 며칠씩 기다려야 하는 것을 보고 정말 이 시대는 영육 간에 병든 사람이 너무 많다는 것을 새삼 느끼는 계기가 되었습니다.

현대인의 위기는 그것뿐만이 아닙니다. 정치적 위기와 경제적 위기, 사상적 위기 등 삶의 문제도 산재되어 있어서 한마디로 삶의 위기를 맞이하고 있는 현실이라고 할 수 있습니다.

병원에 가면 현대화된 과학적 방법으로 진단을 합니다. 그리고 처방을 내려 줍니다. 몇 가지 처방이 가능합니다.

"다 정상입니다. 아무 걱정 마십시오" 하면 기분이 너무 좋습니다. 이번에 건강검진 결과 이런 말을 들은 저는 병원 갈 때와 올 때의 발걸음이 달랐습니다.

"○○병이니 빨리 입원하고 수술을 받아야 하겠습니다"의 경우는 하늘이 내려앉고 땅이 꺼지는 절망감에 빠집니다. 또는 "약을 처방해 드리겠습니다"라고 하는 경우도 있는데, 이때는 어느 정도 안도의 한숨을 내 쉬게 됩니다.

환자는 의사의 처방에 따라 순종해야 합니다. 의사가 병을 확인하고 치유 방법을 제시해 준 처방전이기 때문입니다.

본문 말씀은 바벨론의 침략으로 나라가 망하고 백성은

포로가 되어 고통과 절망을 안고 살아가는 이스라엘에게 하나님께서 예레미야 선지자를 통해 그 위기를 해결할 수 있는 처방전을 내놓으신 내용입니다.

첫째, 하나님 뜻이 무엇인지 알아야 합니다.

11절을 보면 "너희를 향한 나의 생각을 내가 아나니 평안이요 재앙이 아니니라 너희에게 미래와 희망을 주는 것이니라"라고 했습니다. 아멘.

여기 하나님의 깊으신 뜻이 드러납니다. 위기 때 평안과 소망을 주시려는 것이 하나님의 뜻입니다. 성경을 보면 하나님을 책망하시고, 호통치시고, 벌을 내리시고, 심판하시는 분으로만 생각할 수 있지만 사실 하나님은 사랑의 하나님이십니다.

힘들고 어려울 때마다 힘 주시고 용기와 위로와 격려를 하시며 우리에게 평안과 소망을 주시는 분이십니다. 이 부분을 부모 입장에서 생각해 보면, 내 자식이 잘못을 저질렀다고 하여도 처음부터 매를 드는 부모는 없습니다. 타이르고, 설득하고, 경고하고, 야단을 칩니다. 그래도 잘못을 뉘우치지 않으면 그때 가서 매를 들게 됩니다.

그러나 요즈음은 세상이 달라져 자식 교육도 함부로 할 수 없는 시대가 되어 버린 것 같습니다. 이스라엘의 백성 중에서도 아직 철이 덜 든 사람들은 "하나님이 너무하신다. 우리를 이렇게 버려두고, 왜 매를 드시는지 모르겠다"는 식으로 대들고 항변하는 무리들이 있었고, 포로 생활 중에도 하나님께 기도하며 "하나님, 감사합니다. 고통과 위기를 통해 깨닫게 하여 주시니 다시는 불순종하지 않겠습니다" 하는 하나님의 사람들이 있었습니다. 그것은 평안과 소망을 주시려는 하나님의 뜻을 알았기 때문입니다.

이 사실을 깨달은 다윗은 시편 39편 7절을 통해 "주여 이제 내가 무엇을 바라리요 나의 소망은 주께 있나이다" 하고 고백하였습니다. 우리 역시 오늘 삶의 위기를 통하여 나를 향하신 하나님의 뜻이 무엇인지를 아는 하나님의 자녀가 되어야 합니다.

술, 담배를 즐기는 사람을 자주 만나면 자신도 술, 담배를 배우게 됩니다. 노름을 좋아하는 사람과 친하다 보면 역시 노름을 하게 됩니다. 원망과 불평하는 사람이 옆에 있으면 자신 역시 알게 모르게 불평을 하기 마련입니다. 그러나 소망의 하나님, 평안을 주시는 하나님을 따르면 평안과 소망을 얻게 됩니다. 하나님의 뜻이 평안과 소망이라는 말씀에 우리 모두 "아멘" 하고, 하나님의 평안과 소망으로 모든 삶의 위기를 해결해 나가야 합니다.

둘째, 위기 시 기도해야 합니다.

"너희가 내게 부르짖으며 내게 와서 기도하면 내가 너희들의 기도를 들을 것이요 너희가 온 마음으로 나를 구하면 나를 찾을 것이요 나를 만나리라." 아멘. 우리가 아프면 약을 찾아 먹듯이 우리에게 위기가 왔을 때 우리는 부르짖고 기도해야 합니다. 성경은 소리 내어 찬송하라, 큰 소리로 기도하라고 말씀합니다.

시편 142편 1절을 보면 "내가 소리 내어 여호와께 부르짖으며 소리 내어 여호와께 간구하는도다"라고 했습니다. 소리 내어 기도하라는 것은 내 속의 문제를 내놓고 하나님께 기도로 아뢰라는 것입니다.

어느 부부가 결혼한 지 3년 만에 아주 예쁜 딸을 순산하였습니다. 임신 기간도 정상이고 해산도 순조로웠습니다. 아이도 잘 자라고 건강합니다. 문제는 감정 표현이 전혀 없다는 것입니다. 엄마 아빠가 아이 앞에 온갖 재롱을 다 떨어도 웃는 법이 없습니다. 호통을 쳐도 얼굴 색깔도 변하지 않습니다. 우유를 주지 않아도 보채는 법이 없습니다. 대소변 후에도 울지를 않습니다. 나중에 병원에서 나온 결과는 뇌성마비라는 것입니다.

만일 내가 키우는 자식이 그런 상태라면 걱정이 안 될까요? 하나님은 우리가 정상적인 자녀로 크는 걸 원하십니다. 영혼도, 정신도, 감정도, 정서도, 육체도 정상이길 원하십니다. 고통과 아픔이 있음에도 하나님을 찾지 않는 사람은 영적 뇌성마비 상태라고 할 수 있습니다.

마모된 감정을 되살리고 잃어버린 영혼의 감동을 회복합시다. 사라져 버린 기도의 감격과 찬송의 감동을 되찾읍시다. 그러면 하나님이 우리를 만나 주실 것입니다.

본문 13절을 보면 "너희가 온 마음으로 나를 구하면 나를 찾을 것이요 나를 만나리라"고 했습니다. 그 당시 이스라엘 백성들은 절체절명의 위기 상태였습니다. 주권도, 나라도, 재산도 다 빼앗기고 노예 생활로 영육 간에 골병이 들어 있었습니다. 그러나 하나님은 예레미야를 통해 위기

극복의 처방전을 내놓으셨습니다. '나를 찾으라는 것' 그리고 '나를 만나라는 것'입니다. 환자가 의사를 찾고 만나야 하는 것처럼 하나님을 찾고 만나야 문제가 해결될 수 있습니다.

앞 못 보는 시각장애인이 예수님을 찾고 만나서 눈을 떴습니다. 듣지 못하는 청각장애인 역시 예수님을 찾고 만나서 듣게 되었습니다. 12년간 혈루증 앓던 여인도 예수님을 찾고 만나서 고침 받았습니다. 38년 된 병자도 예수님을 찾은 후 건강을 되찾았습니다. 죽은 사람도 예수님을 만나면 살아났습니다.

내가 어떤 문제와 위기 가운데 있느냐가 문제가 아니라 하나님을 찾고 만나지 못했다는 것이 문제입니다. 위기를 극복하고 문제를 해결하는 길은 먼 데 있지 않습니다.

시편 37편 5절을 보면 "네 길을 여호와께 맡기라 그를 의지하면 그가 이루시고"라고 했습니다. 삶의 문제와 위기는 누구에게나 있습니다. 그러나 해결 방법이 누구에게나 있는 것은 아닙니다. 하나님을 찾고 부르는 자, 하나님을 신뢰하고 믿는 자, 하나님께 모든 것을 맡기고 기도하는 사람들에게 주어지는 은혜입니다.

위기 때문에 고민하지 말고 하나님을 찾고 하나님을 만나는 길에 최선을 다합시다. 그 길은 바로 기도입니다. 절망을 희망으로, 실패를 성공으로, 저주를 축복으로 바꿔주실 하나님께 감사합시다. 삶의 위기를 기회로 전환하는 여러분이 되시길 주의 이름으로 축원합니다.

2018. 1. 4.

21
회개와 자책감의 분별

고후 7:10

"하나님의 뜻대로 하는 근심은 후회할 것이 없는 구원에 이르게 하는 회개를 이루는 것이요 세상 근심은 사망을 이루는 것이니라."

● ✝ ●

제가 상담을 하는 자매 가운데 자책감에 눌려 있는 분이 있습니다. 이 자매는 정신적으로 기분 장애를 가지고 있는 사람처럼, 어떤 때는 아주 밝고 명랑하여 얘기도 곧잘 하고 사람들과 관계도 원만하다가 주기적으로 한동안 얼굴이 어두워지고 우울해지면서 사람들과의 관계가 단절됩니다.

상담을 하면서, 이 자매가 즐겨 읽는 책이 자아 파쇄나 회개의 영성에 대한 것이라는 사실을 알게 되었습니다. 그런 류의 책 가운데는 정화와 순결함을 위한 내용들로 구성되어 있는 경우가 많은데, 잘못하면 영적 성숙을 추구하며 양심적으로 선하게 살려고 하는 이들이 오히려 마귀가 주는 죄의식이나 자책감에 많이 시달리는 것을 볼 수 있습니다.

자매와 상담을 하면서 죄의식으로 죄책감이나 자책감을 가지고 스스로 괴로워할 것이 아니라 우리의 죄를 씻어 주시는 주님 앞에 죄를 고백하고 용서함과 아울러 영적 자유를 가져 보라고 권유해 보았지만, 자기 자신은 너무 더럽고 추하여 주님이 용서하시지 않을 것이라고만 대답을 하면서 괴로워하는 모습을 보았습니다.

이렇듯 우리가 영적인 성숙을 위해서 보는 영적인 책들 가운데 오히려 영을 억압하고 정죄하며 압박하는 결과를 가져오는 것도 있습니다. 가끔 우리의 선한 양심을 역이용하여 마귀가 우리를 충동질할 때가 있습니다. "너는 예수 믿을 자격이 없다", "너는 심령이 순수하지 못하다", "너는 더 성화되어야 한다"는 식으로 마귀가 공격을 하면 우리는 자책하며 악한 영에게 눌려 영적 침체에 빠질 때가 더러 있습니다. 영적인 성숙은 추구하지만 영적인 분별력과 영적인 감각이 별로 깨어나지 않은 지적이고 내성적인 사람들이 이러한 공격에 무너지고 영적인 침체에 빠져서 우울하고 어두운 신앙관을 가지고 살아가는 것을 많이 보았습니다.

이것은 주님 앞에 회개하고 영적 자유함으로 밝게 살려는 것이 아니라 오히려 자책함으로써 마귀의 공격에 자신의 영이 눌리고 시달리는 것이라고 할 수 있습니다. 악한 영들이 우리들의 심령에 주는 생각은 일반적으로 어둡고 우울합니다. 그러므로 우리는 여기에 눌려 자책감이나 죄의식에 시달릴 것이 아니라 하나님 앞에 죄를 고백하고 회개함으로써 영적인 자유함을 얻고 밝게 기쁘게 살아야 할 것입니다.

악한 영들은 논리적입니다. 그럴 듯한 생각을 넣어 줍니다. 그래서 그 영을 분별함에 있어서 머리로 해서는 안 됩니다. 머리는 이성적으로 옳은가 틀린가를 따지지만 내적 느낌에 대해서 알지 못하기 때문입니다. 영의 느낌을 분별하는 것은 머리보다는 가슴, 심령입니다. 어떤 말이나 내용이 아무리 옳아도 가슴으로 감동이나 기쁨이 없다면 그것은 바른 전달이 될 수 없습니다.

이처럼 심령으로, 가슴으로 영을 느끼고 분별해야 하기 때문에 지식적인 그리스도인들은 영의 분별에 대해서 무지할 때가 있습니다. 그들은 자신이 아는 것이 많다고 생각하지만 실제의 삶에서는 별로 자유함이 없는 부자유한 삶을 살고 있습니다. 그들은 열심히 영적 생활을 추구하고 있지만 대체로 어둡고 우울함 가운데 신앙생활을 영위하는 것을 알 수 있습니다. 이것은 자유한 영이 아닙니다.

서울 모 교회의 부흥회에서 어느 권사님의 눈물 젖은 자신의 삶에 대한 간증을 들은 적이 있었습니다. P권사님은 교회에서나 동네에서 소문난 효부입니다. 치매 걸린 시어머니를 지극정성으로 모셨고 매주일마다 교회 모시고 나오기 위해서 씻기고 치장하여 휠체어로 시어머니를 모셔 와서 예배에도 참석하는 그러한 며느리였습니다.

그러나 6년이나 그렇게 하다 보니 영육 간에 지쳐 버렸다고 합니다. 치매 노인이라 그런지 며느리에게 욕도 심하게 하고 금방 식사를 하고도 배고프다고 고래고래 고함을 지르면서 밥 달라고 하고, 또한 똥오줌도 못 가릴 때가 허다

했습니다.

며느리 되는 P권사는 처음에는 신앙적인 결단 아래 기쁘게 헌신적으로 했으나 얼마 가지 않아 자신의 믿음이 동나고 한계상황에 도달한 것입니다. 그때부터 심령의 한구석에 마귀의 음성이 들려옵니다. "니가 아무리 잘해도 다 소용없다. 헛수고하지 말고 양로원에 보내라" 그러다가 또 어떤 때는 "너무 불쌍하지 않니? 너는 그렇게 사랑이 없니" 하며 혼란스러울 정도로 마음이 어수선했다고 합니다.

그렇습니다. 악한 영이 우리에게 상황에 맞게 그럴듯한 생각과 감정을 우리 안에 넣어 줄 때 우리는 그것을 분별하기가 쉽지 않습니다. 그들이 주는 생각과 감정이 그 당시 상황과 딱 맞게 떨어지고 나의 입장을 정확하게 대변하기 때문에 논리적으로 이것을 분별하고 파악하기가 어렵습니다. 이것은 우리의 머리로가 아니라 영으로 분별해야 합니다.

P권사님의 시어머니는 날이 갈수록 더 증세가 악화되고 힘도 더 강해져서 며느리에게 반발하는 강도도 더 심해졌습니다. 그래서 고민 끝에 힘을 약화시켜서 돌보기 위해 하루 세 끼 꼬박 주던 식사를 두 끼로 줄였다고 합니다. 그

러고 보니 정말로 힘이 빠지면서 돌보기가 훨씬 수월해졌다고 합니다.

그렇게 하다 보니 하루 한 끼로 줄어들게 되었습니다. 이것을 눈치챈 남편과 친척들이 P권사님을 무자비하게 공격하기 시작했습니다. 그래서 결국 양로원으로 모시게 되었고 양로원에 가신 지 6개월 만에 시어머니는 소천하고 말았습니다.

문제는 그 다음입니다. 초상을 치른 뒤 P권사님은 자책감으로 '시어머니는 내가 죽였다', '양로원에 보내지 않고 6개월만 더 잘 모셨더라면……' 하는 생각이 스스로를 괴롭혀 불면증에 시달리고 마음도 우울해졌다고 합니다. '나 같은 사람이 교회를 나가면 무엇 하나. 나 같은 사람이 권사라고? 다 거짓이야' 하면서 한동안 교회도 불출석하면서 괴로운 나날을 보내다가, 어느 목사님께서 "주님 앞에 회개하고 영적인 자유함을 얻으세요" 하는 권면의 말씀에 따라 기도하면서 다시 영적인 자유함과 기쁨을 찾았다면서 기뻐하는 모습으로 간증하는 것을 보았습니다.

그렇습니다. 자책감으로는 영적인 자유와 기쁨을 찾을

수 없습니다. 자책감은 오히려 영적인 우울함과 어둠으로 마귀를 불러들이는 계기가 될 뿐입니다. 그러나 주님 앞의 회개는 우리의 신앙고백입니다. 그리고 자유와 영적인 평안과 기쁨이 있습니다.

우리는 영을 잘 분별해야 합니다. 회개와 자책은 주님으로부터 오는 것도 있지만 마귀로부터 오는 미혹과 정죄도 적지 않습니다. 주님께로부터 오는 것은 맑고 밝으며 가볍습니다. 마귀로부터 주어지는 것은 비참하고 어둡습니다. 이러한 회개와 자책의 영적 원리를 잘 이해하여 빛 가운데 거하는 여러분이 되시길 주의 이름으로 축원합니다.

2018. 1. 11.

22
분노 조절

잠 16:32

"노하기를 더디하는 자는 용사보다 낫고 자기의 마음을 다스리는 자는 성을 빼앗는 자보다 나으니라."

● ✝ ●

바깥에서 받은 스트레스를 집에 와서 푸는 사람들이 더러 있습니다. 그 이유는 집이나 가족은 분노를 표출하기에 조금 안전한 사람들이기 때문입니다. 적어도 집에서 화를 냈다고 가족관계에서 잘리거나 집에서 쫓겨날 위험은 없으니 말입니다.

그러므로 우리는, 분노라는 것은 억압한다고 해서 사라지는 것이 아니라는 것을 알 수 있습니다.

여기서 우리가 반드시 이해하고 넘어가야 할 것은, 분노와 같은 부정적이고 파괴적인 감정에 대하여 꼭 나쁘다고 봐야 하는가 하는 것입니다. 물론 좋지 않은 감정인 것은 분명하지만, 우리의 영적 균형과 발전을 위해서는 필요악이 존재하듯이 부정적인 감정 역시 우리에게 필요한 것이 사실입니다.

주님은 우리가 이해를 하든 못하든 우리의 삶을 지배하시고 인도하십니다. 우리의 삶은 우리가 계획한 것에 의해서 움직여지지 않고 모든 것이 주님의 섭리에 의해서 움직여집니다.

우연히 어떤 사람을 만나고 우연히 어떤 사건을 접하게 되는 것이 아니라, 모든 것이 주님의 섭리와 계획 속에 우리를 인도하시는 것입니다. 그렇기 때문에 우리에게 주어지는 모든 상황이나 사건들은 주님의 섭리 가운데 이루어진다는 것을 우리는 알고 있습니다.

성경은 참새 한 마리도 하나님의 허락 없이는 땅에 떨어지지 않는다고 말씀합니다. 그렇다면 우리에게 주어지는 모든 일들이 우리의 영적 성장을 위한 재료라고 할 수 있고, 우리에게 주어지는 감정이나 부정적인 상황도 거기에 예외로 둘 수는 없습니다. 긍정적인 감정도 필요하지만 부정적인 감정도 때에 따라 우리의 성장과 성숙을 위해 필요한 부분이라고 봅니다.

그러므로 내게 있는 부정적인 감정이나 부정적인 상황을 무조건 거부해서는 안 됩니다. 다만 자신의 부정적인 것을 조용히 관찰해야 합니다. 그리고 그것이 주는 유익한 메시지를 발견해야 합니다.

반성할 것이 있는지 살펴보아야 합니다. 무조건 참고 누르지 말고 그것과 대화를 나누어야 상한 심령의 치유가 일어납니다. 자기주장만 옳다고 여기며 도무지 반성할 줄 모르는 사람이 있습니다. 자기는 모든 것이 억울하며 문제는 다른 사람에게 있다고 합니다. 왜 자녀들이 변화되지 않는지, 왜 다른 사람들이 자기를 괴롭히는지 도무지 모르겠다고 합니다. 이런 사람과는 관계 설정하기가 상당히 어려움이 따릅니다.

분노에 대해서 좀 더 생각해 봅시다. 그러한 분노가 왜 우리에게 왔을까요? 그것은 우리에게 무엇을 가르치려고 합니까? 우리는 그것을 통하여 무엇을 배워야 하며, 분노의 감정을 통하여 무엇을 깨닫고 좀 더 성숙해질 수 있을까요?

분노는 삶의 긴장감에서 오는 감정의 극단적인 표현이라는 것을 우리는 알고 있습니다. 긴장은 분노를 일으키며, 숨겨진 분노가 표면에 떠오르도록 자극을 줍니다. 하지만 분노에 대한 구체적이고 근원적인 원인은 상황에 따라 개별적으로 다 다르다고 봅니다.

분노는 근원적으로 억압의 결과입니다. 우리는 모든 것들을 외부로부터 받아들이기도 하고 거부하기도 합니다. 그렇게 함으로써 자신의 생명과 동질성을 유지할 수 있습니다. 사랑이라는 것은 받아들이는 흡수력에 속한 것이고, 분노나 미움은 거부하는 것이며 자신을 방어하는 것입니다. 분노는 자신에 대한 부당한 공격을 방어하는 과정에서 생기는 것입니다. 그러므로 부당한 억압이나 공격을 많이 받는 사람은 자연적으로 근원적인 분노가 그의 내면에 축적되는 것입니다.

감정이 섞인 꾸지람이나 비난은 사람의 영혼을 죽이는 파괴적인 에너지를 가지고 있습니다. 그러므로 그러한 공격을 많이 받은 이들은 분노에 사로잡히게 됩니다. 그들이 그렇게 분노를 통해서 자신을 지키지 않는다면 아마도 불안과 우울함과 낙심 가운데 어둡게 살아갈 것입니다.

외부에서 공격을 받을 때 사람이 반응하는 방식은 두 가지로 나눌 수 있습니다. 마음이 여린 사람은 감히 대응하지 못하고 두려워하고 불안해합니다. 그러므로 어둡고 소극적인 사람이 됩니다. 하지만 이러한 사람도 속으로 분노가 차 있게 됩니다. 이 과정에서 분노의 사람이 되는 것입니다. 분을 내지 않을 수는 없습니다. 그러나 우리는 그것을 지혜롭게 잘 처리할 수 있습니다.

얼마 전 대학을 휴학하고 집에서 우울증 약을 먹고 있는 한 청년을 데리고 온 어머니가 있었습니다. 이 청년은 자살도 여러 번 시도했으며, 불안증과 불면증에 시달리고, 특히 어머니에 대한 반감이 커서 유독 어머니에게 폭력을 휘두른다고 했습니다.

저는 그들과 상담을 하면서 몇 가지 특이한 상황을 알게 되었습니다. 어머니 되시는 K집사님은 몹시 지배적인 기질을 가지고 있었습니다. 남을 자신이 원하는 대로 움직이려고 하는 기질을 말하는 것입니다. 자녀도 이러한 기질로 교육하고 키우려 합니다. 자녀의 의견을 존중하기보다는 자신이 원하는 삶과 방식을 자녀에게 요구하고 그렇게 하도록 억압을 가하는 것입니다.

집사님이 데리고 온 아들은 성품이 아주 온순하고 내성적인 청년이었습니다. 이렇게 어머니가 지배적이고 자녀가 내성적일 경우 자녀가 정신적으로 압박을 받게 되고 스트레스와 분노에 노출되는 경우가 많습니다.

어머니는 자식의 삶을 지배하려고 하고 자식은 살아남기 위해서, 자기를 지키기 위해서 반항을 하거나 틀에서 벗어나는 행동을 하게 됩니다. 강한 아이라면 반발심으로 분노를 터뜨리겠지만 마음이 여리고 착하니까 자해나 자살로 이어지다가, 이제는 극단적으로 가해자인 어머니에게 그 분이 표출되는 것입니다. 혼자 있고 싶어 하고 유독 그 어머니가 무슨 소리만 하면 이유 없이 손에 잡히는 대로 어머니를 향하여 집어 던진다는 것입니다.

저는 그 어머니 되는 K집사님에게 아이가 숨을 쉴 수 있도록 숨구멍을 좀 열어 주는 방법을 알려 주었습니다. 그리고 그 청년에게도 어머니에 대한 분노를 이해한다는 것을 알려 주었습니다.

"A군, 자네 어머니 성격이 굉장히 강하네. 그래, 그동안 참느라 힘들었겠다." 그러자 그의 얼굴이 환해지면서 "목사님도 느끼셨죠? 그렇죠?"라고 하는 것입니다. "그래, 나나 다른 사람은 자네를 잘 모르겠지만 우리 주님은 자네 마음을 다 알고 계시니까 답답한 일이 있으면 주님께 기도해, '주님! 제 마음 다 아시죠?' 하고 말이야."

그 청년이 웃는 모습은 정말 이례적인 일이었습니다. 늘 어둡고 우울한 아들이 상담을 하고 오랜만에 기뻐하는 모습을 본 어머니가 자기 자신이 얼마나 자신의 아들을 억압하고 있었는지를 깨달았는지는 잘 모르겠지만, 본인 역시 자신으로 인하여 아들이 우울해한다는 것은 시인하였습니다.

분을 내지 않고 사는 사람은 없을 것입니다. 우리 모두는 분을 내면서 살게 되어 있습니다. 그러므로 어떻게 그 분을 표출해야 하는지에 대해서 좀 더 관심을 가져야 할 것입니다. 그럴 때 우리는 분을 통해 오히려 신앙적으로 더 성장할 수 있고 유익한 감정으로 전환할 수 있습니다. 이것을 기억하며 승리하시길 주의 이름으로 축원합니다.

2018. 1. 20.

23
자기 비하는 미래가 없다

시 51:10

"하나님이여 내 속에 정한 마음을 창조하시고 내 안에 정직한 영을 새롭게 하소서"

● ✝ ●

 자기 비하는 자기가 가지고 있는 잠재력을 위축시켜서 자기가 할 수 있는 일도 못하게 하여 자기 능력을 무시하게 되어서 자신을 무기력하게 만듭니다. 결국 자기 자신과 타인들이 자기를 못난 사람이라든지 쓸모없는 사람이라고 믿게 만듭니다.
 그럼 그 결과는 무엇일까요? 자기의 진실한 모습을 볼 수 없어서 늘 '이게 아닌데……. 나는 원래 이런 모습이 아닐 텐데…….' 하며 불만족한 삶을 살게 될 것입니다. 그렇게 되면 인생이 열매 없는 공허함과 욕구 불만으로 가득해집니다.

저는 목회 초기 개척 교회 시절 심한 좌절감에 이러한 마음을 가진 적이 있었습니다. 열심히 해도 결과가 좋게 이루어지지 않고 늘 궁핍한 목회 생활로 심한 자기 비하와 열등감이 가득해서 밝은 미래를 기대하기가 힘든 나머지 심한 좌절감에 빠져 있었습니다.

저는 스스로 '나는 보잘것없는 인간이다'고 생각하였고, 주변에서 "목사님은 성품이 곧고 부드럽고 좋은 장점이 많아 앞으로 하나님께서 귀히 쓰실 거 같아요" 하여도 "저는 그렇지 않습니다. 저를 모르셔서 그래요. 저는 정말 제대로 하는 것이 하나도 없고 부족한 점이 너무 많아서 영혼을 인도하는 목회자로서 자질이 부족한 것 같습니다"라고 하였습니다. "하지만 성실하지 않습니까? 그리고 하나님을 바라보는 믿음도 열심이고요. 그것만 해도 대단한 것 같습니다" 하면 저의 대답은 "아이고, 제가 성실하다고요? 저, 그렇지 않아요. 잘못 보셨어요. 저는 겉보기에만 그래요. 사실은 목회자로서 믿음도 많이 부족합니다"라며 자기 비하를 하다 보니, 자신감도 사라지고 목회에 대한 비전이나 미래에 대한 소망감이 없었습니다.

이런 저를 바라보고 있던 성도들이 무슨 기대감이나 미래에 대한 소망이 있었겠습니까? 위로를 받으러 교회에 왔다가 실망하고 지치고 피곤해서 즐거웠던 기분도 오히려 엉망이 되어 돌아가는 발걸음이 많았습니다. 목회는 더 힘들고 갈수록 소망은 사라지고 현실적으로 더 힘든 상황만 자꾸 전개되었습니다.

저한테 그러한 시절이 있었던 것처럼 요즘 저를 찾아오는 피상담자들 중에서도 역시 심한 좌절감 그리고 자기 비하와 열등감에 시달리는 사람들이 많습니다. 열심히 위로해도 예전의 저 자신처럼 조금이라도 먹혀들지 않는 경우를 많이 봅니다. 이런 이들은 위로를 받을수록 비극적인 이야기를 더 많이 늘어놓는 경향들이 있습니다. 왜 이렇게 열심히 자기를 비하하고 있을까요? 어쩌면 옆에서 "아니야, 당신은 그렇지 않아요"와 같은 식의 이야기를 계속 듣고 싶어서 스스로 엄살을 부리고 있는 것 같은 마음이 들 때도 있습니다.

그럴 때 이런 사람의 마음을 잘 이해하지 못하고 "맞아요. 당신은 부족한 것이 많은 것 같아요. 맞아요, 내가 볼 때 당신은 이런 일에 부적격한 것 같군요" 이렇게 맞장구를 치면 큰일 나는 수가 있습니다.

대개 자기 비하가 심한 사람일수록 마음의 상처도 많고 피해 의식이 큰 사람입니다. 이런 어둠의 고백을 하는 사람에게 가장 좋은 방법은 조용히 들어주거나, 아니면 감당이 안 될 때는 조금 피해 주는 것이라고 봅니다. 그가 위로를 얻기 위해 일부러 부정적인 고백을 하든, 아니면 정말 그렇게 느껴서 그러한 자기 비하의 고백을 하든, 어느 쪽이든 그는 자신을 향한 비극적인 미래를 끌어당기고 있으니까 굳이 옆에서 협조자가 되어 거들어 줄 필요가 없습니다.

여기서 첫 번째의 경우라면 그것은 정직하지 않은 것입니다. 위로를 얻기 위해 마음에도 없는 얘기를 하고 있다면, 거기에 동참하는 것은 그의 계속적인 거짓 고백을 들어주는 협조자가 될 뿐입니다. 두 번째 경우라면 그는 스스로 자신의 어두운 미래를 선택하고 있는 것이기 때문에 그것은 누가 옆에서 말릴 수 있는 것도 아닙니다.

하지만 이런 사람들에게서 무조건 피해 도망가기는 그렇게 간단하지 않습니다. 인간관계란 묘하게 얽혀 있어서 내가 원하지 않아도 계속 얼굴을 대하여야 하는 상황이 언제 어디서든 있기 마련입니다. 그리고 그러한 상황에서 상대에게 매정하게 대하다 보면 서로 서먹한 관계가 되고 적개심을 품는 관계로 발전할 수도 있습니다.

우리가 만나는 그 어떤 사람이든 그것은 주님께서 우리에게 무엇인가 가르치고 깨닫는 부분이 있게 하십니다. 그러므로 무조건 그런 사람을 피하는 것만이 좋은 방법은 아닙니다. 저 역시 제 말을 들어주고 기도해 주었던 선배나 동료들이 있었기 때문에 오늘날 저와 같은 사람들을 위로할 수 있는 상담자가 될 수 있었습니다.

어쨌든 이러한 상황에서 빠져나올 수 없는 입장이라면, 한 가지 분명한 것은, 자기 비하를 하는 사람에게는 밝은 미래가 없다는 사실을 인지시키고 스스로 어두운 미래를 창조한다는 사실을 깨우쳐 주어야 한다는 것입니다. 그러므로 위로하고 격려하는 사람조차도 이러한 어둠의 기운의 영향을 받지 않도록 스스로 조심해야 할 것입니다.

저는 목회자이면서도 하나님의 사랑을 강하게 체험하지 못했을 때, 왜인지는 모르겠지만 한동안 누군가 내게 호의를 보여 오면 그것이 진심일 가능성이 낮다고 생각했습니다. 지금 생각해 보면 상당히 많은 호의와 친절, 사랑을 받았음에도 그 사랑들이 진짜가 아닐 거라는 생각에 고마움을 느끼거나 안정적인 관계로 발전해 나가며 함께 성장하는 일들은 잘하지 못했던 것 같았습니다.

사랑이 있어도 그걸 보지 못한다면, 사랑을 사랑으로 받지 못한다면, 사랑의 효과 또한 얻지 못하는 셈입니다. 그래서 아마도 목회 초기에 그렇게 열심히 했지만 열매가 없었던 힘든 시기를 보냈던 것 같습니다.

실제로 사랑은 사랑을 주는 사람의 노력뿐 아니라 사랑을 받는 사람이 상대의 노력을 인식할 때, 자신이 사랑받고 있다는 사실을 지각할 때 비로소 효과를 보인다는 연구들이 있습니다.

일례로 자기 비하가 심하고 스스로에게 가혹한 편인 사람들은 그렇지 않은 사람들에 비해 자신의 연인이 얼마나 믿을 만한 좋은 사람인지, 또 얼마나 자신을 아끼고 사랑해주는지를 낮게 평가하는 경향을 보인다고 합니다. 따라서 비슷한 수준의 좋은 사람을 만났어도 사랑받고 있다는 생각을 잘하지 못하며 그 결과 관계 만족도도 낮은 경향을 보인다고 합니다.

우리는 어떠한 경우에도 주님 앞에 자기 비하의 고백을 해서는 안 됩니다. 비록 많은 실패와 실수를 경험했다고 하더라도 믿음으로 밝고 힘찬 미래를 소망하는 믿음을 가지고 있어야 합니다. 지나치게 잘난 척하고 자신을 높이는 우월적인 의식을 가지는 것도 보기에 좋지 않지만, 반대로 지나치게 자신을 비난하고 열등감에 빠져 있는 것도 보기가 괴로운 것입니다. 우리는 주님을 통하여 계속 만들어져 가고 있습니다. 그러므로 우리 자신을 향하신 하나님의 섭리와 사랑을 인식한다면 항상 창조적이고 긍정적인 신앙고백을 해야 합니다.

우리에게는 영혼의 창조적인 능력과 힘이 있습니다. 그리고 긍정적인 에너지가 있습니다. 이것이 우리의 미래를 형성하고 보장하는 것입니다 이 에너지를 바르게 사용할 때 우리의 삶은 아름답고 풍성하게 될 것입니다. 항상 자기를 바르게 평가하는 여러분이 되시기를 축원합니다.

2018. 1. 28.

24
하나님의 사랑과 치유

시 46:1

"하나님은 우리의 피난처시요 힘이시니 환난 중에 만날 큰 도움이시라."

　

　우리 교회 집사님 중에 사업을 하는 분이 있는데, 이분은 사업이 좀 안 되거나 몸이 조금 아프면 하나님께서 자기를 치신다는 잘못된 영적인 지식을 가지고 있습니다. 조금이라도 하나님의 원하시는 대로 하지 않으면 가차 없이 치시고 간섭하시기 때문에 신앙생활이 피곤하다는 하소연을 저에게 한 적이 있습니다.

　과연 그럴까요? 우리의 삶을 그렇게 피곤하게 일일이 간섭하시고 힘들게 하는 것이 하나님의 사랑의 방법이고 치유일까요? 저는 그렇게 생각하지 않는다는 얘기를 그 집사님에게 한 적이 있습니다.

물론 성경에는 하나님께서 아버지처럼 사랑하는 자녀를 위하여 징계하신다는 말씀은 있습니다. 우리가 순종하지 않고 잘못된 길을 가고 있을 때 주님은 우리를 깨우치기 위하여 징계하시고 매를 드실 수도 있습니다. 우리도 자녀를 키울 때 자녀가 아무리 사랑스럽다고 하더라도 잘못된 일을 했을 때에는 그냥 넘어가지는 않습니다.

하지만 저는 하나님께서 모든 사소한 일에 수시로 그렇게 매를 드신다고는 생각하지 않습니다. 툭하면 사업을 망하게 하시고 마음에 들지 않는다고 질병으로 아프게 하시는 하나님이 아니라고 봅니다. 조금만 순종하지 않으면 즉시로 박살을 낸다면 어떻게 마음놓고 살겠습니까? 아마 그런 아버지를 둔 자녀라면 불행한 것은 물론이고 위축되어 아무것도 할 수 없는 무기력한 존재가 되고 말 것입니다.

의처증을 가진 남자가 있습니다. 그는 항상 아내의 위치와 행동을 체크해야 합니다. 그리고 아내의 위치와 행동이 미심쩍으면 세세히 따지고 들며, 그 행동이 마음에 들지 않으면 폭언이나 폭력을 서슴없이 행사합니다. 자, 그렇다면 이것은 사랑일까요? 그 아내는 행복할까요? 아마 정상적인 아내라면 그런 남편과 같이 살지 않을 것입니다.

저는 사랑의 하나님, 우리를 치유하시는 하나님이 우리를 그런 식으로 다루신다고는 생각하지 않습니다. 이렇게 툭하면 하나님이 자기를 치시고 말을 좀 안 들으면 아프게 하신다는 잘못된 신앙관을 가지고 있는 집사님의 사고방식은 조금 극단적인 측면이 있다고 보는데, 재미있는 사실은 그러한 생각에 공감하는 사람들이 의외로 많다는 것입니다.

학생이 공부를 열심히 하지 않아 성적이 좋지 않게 나와서 몸져누웠다면, 그것도 하나님이 치신 것일까요? 어떤 사람이 장사를 하는데 장사 수완이 부족하여 장사가 잘 안 되는 것도 하나님께서 간섭하시는 것일까요? 의외로 이런 식으로 생각하는 사람들이 주위에 더러 있다는 것입니다. 이것은 설득력이 약하다고 봅니다. 그는 자신에게 부족한 것이 무엇인지 그리고 자신이 깨닫고 무엇을 더 배워야 하는지를 알아가야 할 것입니다.

저는 우리 교회 집사님에게 하나님에 대한 그러한 태도는 별로 바람직한 자세가 아니라고 얘기해 준 적이 있습니다. 우리는 오늘 하나님이 인도하신 성경의 예를 한번 들어 보도록 하겠습니다.

 바울의 경우는 분명하게 하나님이 바울의 삶을 간섭하시고 때에 따라 치셨다고 할 수 있습니다. 다메섹에서 그는 강력한 빛을 경험하고 쓰러졌습니다. 주님께서는 살기등등한 모습으로 주를 대적하고 복음을 막으려는 그를 직접 치셔서 무기력하게 만드셨습니다. 얼마나 충격이 컸던지 한동안 먹지도 자지도 못했습니다.
 하지만 그렇게 얻어맞은 것으로 끝나지 않았습니다. 그는 더 이상 주를 대적할 수 없었으며, 그 사건으로 인해 대역전을 맞이하는 인생의 전환점을 맞았습니다. 그 이후로 그는 완전히 하나님의 영에 사로잡힌 하나님의 사람으로 거듭난 것은 물론이고 복음사역과 전도와 선교사역에 매진하여 아름답고 풍성한 그리스도인의 통로가 되었습니다. 만약 하나님이 간섭하신 것이 맞다면 하나님께서는 그 사람을 그렇게 놀랍게 변화시켜 나갈 것입니다.
 그분은 나를 사랑하는 자녀로 만들기 위해서 간섭하시는 것이지, 말 안 들으면 한 번 치고 그냥 가 버리시는 분은 아닙니다. 하나님께서 망하게 하신다면 그것은 단순히 거기에서 끝이 나는 것이 아닙니다. 더 큰 축복과 은총을 베푸시기 위해서 일시적으로 어려움을 허용하시는 것입니다.

그러나 정말로 하나님이 간섭하신다면 그것은 축복을 받은 것입니다. 하지만 앞의 집사님처럼 일이 좀 안 되거나 아프면 하나님께서 자기를 치신다고 주장하는 사람들 가운데는 하나님의 축복과 은총의 삶을 누리는 사람은 드뭅니다.

자기가 과거에 하나님께 불순종하여 그런 문제가 발생하였지만 지금은 하나님께 순종을 잘하고 원하시는 대로 가고 있다면 그의 삶은 풍성하고 아름답게 풀려 나가야 하는 것이 답이 아닐까요? 그러나 그러한 열매를 찾아보기 어렵습니다. 그러한 삶은 과거에도 그렇고 현재에도 그렇습니다. 피곤하고 지치고 기쁨도 없고 어둡고 무기력한 삶이 지속되는 억압된 삶이 있을 뿐입니다.

하나님은 우리를 간섭하시지만 자유롭고 기쁘게 권면하십니다. 하나님의 권면은 우리의 마음을 상하게 하지 않습니다. 스스로 깨닫게 하시고 무엇이 잘못되었는지를 스스로 알고 자유로운 자유의지에 의한 자발적인 순종을 원하십니다. 강압적으로 "너, 내 말을 안 들으면 죽는다", "혼난다"와 같이 억압을 하거나 강제적으로, 물리적으로 무자비하게 내려쳐서 억지로 끌려오는 그러한 순종을 원하지 않으십니다.

어떤 사람은 암이 걸리면 하나님께서 그것을 주셨다고 말합니다. 하나님이 자기가 말을 잘 안 들으니까 자기를 치는 방법으로 암에 걸리게 하셨다고 합니다. 물론 그런 경우도 간혹 있겠지만 하나님은 우리를 그렇게 사랑하지 않으십니다.

제가 아는 상식으로는, 우리 주님은 오히려 우리를 사랑하셔서 우리를 치유하시기 위하여 이 땅에 오셨습니다. 주님은 이 땅에 심령으로 병든 사람, 육신적으로 정신적으로 병든 사람을 치유해 주기 위하여 오셨습니다. 그분이 그러한 병을 주셨다면 뭐 하러 다시 고쳐 주려고 하십니까? 주님은 병 주고 약 주고 하시는 분은 아니십니다.

물론 하나님이 우리를 간섭하시고 또 치기도 하시고, 징계를 하시는 경우도 분명히 있을 것입니다. 하지만 하나님은 징계하실 때보다 기다리실 때가 더 많을 것입니다. 탕자가 아버지의 품을 떠나 먼 나라에서 방탕하게 살고 있을 때에도 아버지는 목마르게 사랑하는 아들을 기다렸습니다. 그를 사랑하며 그의 방황을 안타까워하고 가슴 아파했지만 묵묵히 기다리고 기다린 아버지입니다. 말 안 듣고 방황하는 자식이라고 혼을 내 주어야 한다고 추격대를 만들어 쫓아다니면서 벌을 주는 아버지가 아닙니다. 우리 하나님도 그런 아버지이십니다.

우리 하나님은 우리를 치유하고 사랑하시는 하나님이십니다. "하나님은 우리의 피난처시요 힘이시니 환난 중에 만날 큰 도움이시라"는 이 말씀을 받아들이고 믿는 여러분이 되시기를 축원합니다.

2018. 2. 1.

25
악의 근원

엡 4:26-27

"분을 내어도 죄를 짓지 말며 해가 지도록 분을 품지 말고 마귀에게 틈을 주지 말라."

본문 말씀 에베소서 4장 26-27절을 보면 "분을 내어도 죄를 짓지 말며 해가 지도록 분을 품지 말고 마귀에게 틈을 주지 말라"고 하였습니다. 모든 악의 근원이 마귀라는 것을 충분히 이해하지 못하면 우리는 영적인 전투에서 승리할 수 없습니다. 내가 싸워야 할 상대가 누구인지를 모르고 어떻게 승리할 수가 있겠습니까?

제가 상담을 하다 보면 "죽어도 용서할 수 없다"는 성도들을 가끔 만납니다. 아무리 권면을 해도, 용서해야 자기 마음이 편하다는 것을 알지만 그것이 안 된다는 것입니다. 오히려 자기 입장이 되어 보라고 합니다. 용서가 되는지 직접 겪어 보라는 고백이기도 합니다. 왜 그럴까요? 본문의 말씀처럼 악한 마음의 근원이 바로 마귀의 공격이기 때문입니다.

이러한 원망과 분노에 빠져 있는 사람들의 공통점이 있는데, 영적으로 무지하고 심령이 병들어 있다는 것입니다.

사람은 우리의 원망이나 증오의 대상이 아닙니다. 오히려 사랑해야 할 대상이라는 것을 주님께서 가르치십니다. 우리가 대적해야 할 상대는 바로 악한 마음을 주는 마귀입니다. 사람이 죄를 지어 타락하게 된 것도 마귀 때문입니다. 뱀의 유혹 때문입니다.

단란한 가정을 파괴하고 우리의 삶을 파괴하는 것도 마귀가 하는 짓입니다. 그래서 야고보서 4장 7절에 "마귀를 대적하라 그리하면 너희를 피하리라"고 했습니다. 우리를 공격하고 비난하고 상처를 주어 미워하게 하고 원수같이 대하는 모든 것이 마귀가 하는 짓입니다. 그런데 그렇게 하는 마귀의 본질을 모르고 엉뚱하게 사람과 원수를 맺고 미워하고 저주하고 증오하는 것은 사실 우리가 마귀에게 속고 있는 것입니다.

분노와 미움이 생길 때는 상대방을 도저히 용서할 수 없고 저런 인간은 망했으면 하는 증오심도 생기지만, 막상 상대가 그렇게 된다고 하더라도 절대로 행복하지 않습니다. 분노하고 복수해도 자신의 마음이 후련해지지 않습니다. 이상하게도 더 허전하고 후회스럽고 허무해질 뿐입니다.

마귀는 사람들의 마음을 이간질시켜 온갖 악한 마음을 마음에 심는 작업을 합니다. 그렇게 우리 인간관계를 파괴하고 우리의 마음을 괴롭게 하는 고통을 줍니다. 이 모든 악한 마음의 근원은 마귀의 공격입니다. 이것을 모르면 우리는 회복될 수 없습니다. 더불어 행복해질 수도 없습니다.

내가 미워하는 대상에게 분노를 폭발시키고 그동안 당했던 모든 것들을 복수하면 속이 시원할 것 같은데 결국 그렇지 않습니다. 분노할수록 내 심령은 더 상하게 됩니다. 내가 가슴 속에 꾹꾹 참았던 말을 다 터뜨려도 결코 행복해지지 않습니다. 누군가에게 실컷 욕하고 하소연을 하면 후련해지리라 생각하는 사람도 있을 것입니다. 그러나 가슴이 후련해지는 것이 아니라 더 답답해질 것입니다. 그것은 그 근원이 무엇인지를 모르기 때문입니다.

 사람은 주님의 말씀대로 사랑의 대상입니다. 그러므로 미워하기보다는 마귀에게 붙들려 고통당하는 상대를 긍휼히 여기며 용서하고 사랑하며 기도할 때 그 사람의 내면에 존재하는 마귀는 스스로 힘이 약해져서 물러날 것입니다.
 내가 상대해야 할 상대가 누구인지를 모르고 화를 내고 복수하고 하소연하고 한탄을 해도 사람과의 관계 불화는 물론이고 오히려 내 심령이 지치고 허무해집니다.
 몇 년 전에 모 은행 VIP실에 근무하는 자매가 우울증으로 저와 상담을 했습니다. 은행 단골인 B씨가 지점장과 친분을 내세우며 농담 반 진담 반식으로 자기에게 추근거리는 것입니다. 처음에는 그러려니 했는데 날이 갈수록 음담패설과 함께 스토커처럼 괴롭혀서 그 사람에 대한 미움과 스트레스로 우울증으로 불면증까지 왔다는 것입니다.
 나이도 아버지뻘이고 가정이 있는 남자가 자기를 좋아한다는 이유로 자꾸 접근을 하니까 그에 대한 분노가 폭발하여, 지점장에게 말하고 직장을 사직할 생각도 했다고 하니, 그 고통의 강도가 어느 정도인지 짐작이 되는 바였습니다.

저는 미워하기보다는 사랑하는 것이 더 쉽다는 권면의 말을 하고, 그 사람을 증오하기보다는 기도의 대상으로 생각하고 그를 위하여 하나님께 기도해 보라고 권면을 했습니다.

그로부터 3개월 후 아주 밝은 목소리로 전화가 왔는데, 기도를 시작하고 한 달쯤 되어서 그 사람이 그 은행에 오지를 않는다고 했습니다. 하나님께서 도와주시고 역사하셨다는 말을 하면서 정말 기뻐하는 모습을 볼 수 있었습니다.

분노는 우리가 가지는 감정의 하나입니다. 그러나 그것은 보편적인 감정은 아닙니다. 감정이라고 하는 것은 우리들이 가지고 있는 느낌을 말합니다. 그렇다면 분노는 어떤 상황에 대해서 반응을 하는 것일까요?

분노는 화를 내는 것입니다. 자기를 사실 이상으로 강하게 표출하는 것입니다. 극도의 불쾌감을 나타내는 정서적인 반응이라고 할 수 있습니다. 그러므로 분노가 때로 적개심으로 나타나기도 합니다. 해결 받아야 할 일을 해결 받지 못하면 분노가 생깁니다. 분노 속에는 슬픔과 고독과 염려와 아픔과 불안, 근심 같은 것이 들어 있으므로 결코 마귀에게 틈을 주어 역이용 당하는 일이 없어야 한다는 것이 본문의 내용입니다.

이러한 모든 관계는 악한 영이 개입되어 있습니다. 겉으로는 멀쩡하게 보여도 마음속의 증오와 어색한 관계가 회복되지 않으면 결코 바른 신앙생활을 할 수 없습니다.

저는 그 자매를 보면서 우리가 주님의 가르침대로 사는 것이 얼마나 천국인지를 깨달았습니다. 미움과 증오와 저주가 무너지고 어두움의 세력이 무너지는 그곳이 바로 천국입니다. 저는 그 자매가 그 심령에 주님의 말씀이 임하는 성령의 역사를 몸소 체험하는 것을 알 수 있었습니다. 악한 영의 정체가 드러나고 기도로 그 영이 물러갈 때, 바로 그때 치유와 회복의 역사가 일어나고 참된 천국이 이루어진다는 사실을 알 수 있었습니다.

불과 얼마 전까지 미움과 억울함으로 잠을 이루지 못하고 마음속으로 고통과 괴로움으로 힘들어하던 자매가 용서하기 위한 기도를 한 끝에 마귀가 물러가게 된 것입니다. 기쁨과 사랑과 행복함으로 가득 찬 목소리로 그 사실을 알려주는 그 자매는 영적 승리를 한 것입니다.

오늘날 우리를 괴롭히는 악의 근원은 마귀입니다. 이유 없이 비난하고 이유 없이 미워하고 증오하고 공격하는 사람들을 우리 주위에서 많이 볼 수 있습니다. 하지만 그들의 정체와 계교를 알고 주님의 말씀대로 적용하여 그들을 포용하고, 미워하기보다는 용서하고, 분노하기보다는 사랑한다면, 우리의 심령은 천국으로 변할 것입니다.

사람은 대적해야 할 대상이 아닙니다. 그 사람을 잡고 있는 마귀가 대적할 대상입니다. 오히려 마귀에게 붙들려 시달리고 있는 그 사람을 긍휼히 여기는 마음으로 기도하면 하나님의 놀라운 역사가 일어납니다. 악의 근원을 알고 용서하고 사랑합시다.

2018. 2. 11.

26
건강한 신앙생활

잠 4:20-27

"내 아들아 내 말에 주의하며 내가 말하는 것에 네 귀를 기울이라 그것을 네 눈에서 떠나게 하지 말며 네 마음속에 지키라 그것은 얻는 자에게 생명이 되며 그의 온 육체의 건강이 됨이니라 모든 지킬 만한 것 중에 더욱 네 마음을 지키라 생명의 근원이 이에서 남이니라 구부러진 말을 네 입에서 버리며 비뚤어진 말을 네 입술에서 멀리 하라 네 눈은 바로 보며 네 눈꺼풀은 네 앞을 곧게 살펴 네 발이 행할 길을 평탄하게 하며 네 모든 길을 든든히 하라 좌로나 우로나 치우치지 말고 네 발을 악에서 떠나게 하라."

● ✝ ●

잠언서는 우리 인간이 이 세상을 살면서 지켜야 할 도리들을 짤막하게 만든 격언들로 구성되어 있습니다. 하나님을 어떻게 섬겨야 하는지, 인간관계는 어떻게 해야 하는지 그리고 세상은 어떻게 살아야 하는지 등 삶의 전반적인 부분을 하나님 말씀으로 교훈하고 있습니다.

잠언 16장 9절을 보면 "사람이 마음으로 자기의 길을 계획할지라도 그의 걸음을 인도하시는 이는 여호와시니라"고 했습니다. 본문 말씀 역시 지혜를 의인화해서 교훈을 주고 있습니다. '내 말에 주의하며, 귀를 기울이라, 네 눈에서 떠나게 하지 말며, 네 마음속에 지키라'고 했고 그렇게 하면 "생명이 되고 육체의 건강이 됨이니라"고 했습니다.

우리는 여기서 '생명'과 '육체의 건강'이라는 말씀에 주목해야 합니다. 본문은 영육간의 전인적인 건강의 길을 가르쳐 주고 있습니다.

저는 얼마 전에 망막에 이상이 생겨 수술을 받기 위해 삼성병원 안과에 입원한 적이 있습니다. 약 1주일 정도 입원해 있는 동안 입원하는 그날부터 의사가 하라는 대로 순종했습니다. 이유가 무엇이겠습니까? 병을 고치려면 의사의 말을 잘 따라야 하기 때문입니다. 안과 검사도 시력 검사와 초음파 및 정밀 검사 등 몇 가지 있는데, 수술을 집도하는 의사가 하라는 대로 해야 하고 수술 후에도 집도의가 지시한 사항을 그대로 따라서 말을 잘 들어야 건강을 빨리 회복할 수 있습니다. 환자가 의사 말을 잘 들어야 하는 것처럼 인간은 하나님 말씀을 잘 듣고 따라야 합니다.

시편 107편 20절을 보면 "그가 그의 말씀을 보내어 그들을 고치시고 위험한 지경에서 건지시는도다"라고 했습니다. 그런데 나를 고치러 오신 주님의 말씀을 등한시하고 거부한다면 아무것도 고칠 수 없을 것입니다.

오늘 본문 24절을 보면 "구부러진 말을 네 입에서 버리며 비뚤어진 말을 네 입술에서 멀리 하라"고 했습니다. 부정적이고 잘못된 말들을 하지 말라는 것입니다. 25절을 보면 "네 눈은 바로 보며 네 눈꺼풀은 네 앞을 곧게 살펴"라고 했고, 26절에는 "네 발이 행할 길을 평탄하게 하며 네 모든 길을 든든히 하라"고 했고, 27절에서는 "좌로나 우로나 치우치지 말고 네 발을 악에서 떠나게 하라"고 했습니다.

정리하면 바르게 살라는 것입니다. 바르게 사는 것이 바로 건강한 삶이라는 말씀입니다. 사람은 어떤 마음을 품느냐에 따라 행동이 결정되고, 그 행동으로 행불행이 결정됩니다. 우리가 하나님 말씀대로 바르게 살면 우리의 마음은 밝고 자유해집니다. 그러면 자동적으로 우리의 영육 간 강건함과 건강이 주어집니다.

바른 신앙이란 하나님 말씀을 잘 듣고 그 말씀대로 순종하고 사는 것입니다. 그러나 바르지 못한 신앙이란, 믿는다고 말하면서 제멋대로, 제 고집대로, 제 뜻대로 사는 것입니다.

영육 간에 건강한 것을 '전인 건강'이라고 합니다. 전인 건강의 조건은 믿음이 건강한 것입니다. 믿음이 병들면 영적인 침체로 영육 간에 병들기 마련입니다.

주님께서 "진리를 알지니 진리가 너희를 자유롭게 하리라"고 말씀하셨지만 우리의 현실적인 삶이 자유합니까? 우리가 "나 자유 얻었네" 하는 복음성가를 기쁘게 부르지만 정말 현실적으로 그런 기쁨과 자유함 속에 살고 있습니까?

많은 그리스도인들이 현실적으로 지치고, 피곤하고, 병들어 있습니다. 많은 주의 일꾼들이 영적으로 탈진된 상태에 놓여 있습니다. 교회에서 여러 가지 봉사를 하는 분들이 무기력과 의무감 속에 일하면서 영적으로 지쳐서 병들어 있는 경우를 많이 보았습니다. 이유가 무엇일까요?

오늘날 우리들은 기도의 방법론, 성경공부의 방법론, 전도의 방법론 등에 대해서는 많은 관심을 가지고 신앙생활을 하고 있습니다. 그런데 정작 그 모든 것을 수용할 수 있는 영적인 건강 상태에 대해서는 잘 모르고 있으며, 영의 건강 상태에 대해서는 무관심한 것 같습니다.

아무리 산해진미가 있어도 그 음식을 소화할 수 있는 건강한 위장이 없으면 아무런 소용이 없습니다. 방법론이 객체를 의미한다면 영육간의 건강 상태는 주체에 해당합니다. 건강하지 못하고 지치고 망가진 상태로는 그 어떤 것도 감당할 수가 없을 것입니다. 그래서 건강한 마음과 건강한 믿음이 전제되어야 하나님의 거룩한 사역을 잘 감당할 수가 있습니다.

영의 침체와 마비는 매우 무서운 것입니다. 우리 육체가 병들어 중환자실에 누워 있다면 그 무엇도 할 수 없을 것입니다. 영적인 경우도 마찬가지입니다. 영적인 침체는 알게 모르게 우리를 영육 간에 병들게 합니다. 처음에는 기도와 예배를 소홀히 하면서 두려워하던 이들도 그것이 반복되면서 별로 고통을 느끼지 못합니다.

물론 이러한 마비 상태가 계속되어 영적인 상태가 병들 정도로 심각해지면 주님께서 매를 드시고 그러한 고통을 통해서 영의 상태를 회복시켜 주시겠지만, 그 과정에서 우리는 마음과 시간을 허비하고 아플 수밖에 없는 상황을 맞이하는 것이 너무나 안타까운 일입니다.

그러므로 영적인 심령의 치유와 회복은 아주 중요합니다. 기독교는 본질적으로 내면적인 것입니다. 천국은 바로 심령 깊은 곳에 임합니다. 내적인 풍성함에서부터 이것이 바깥으로 흘러나오는 것이 주님의 역사입니다.

그러나 이 시대의 경향은 점점 물질화, 외면화되고 있습니다. 이것이 곧 타락입니다. 사람들은 점점 하나님 말씀에 따라 바르게 살기보다는 바깥 세상일에 몰두하고 빠져 있는 상태입니다. 그래서 우리의 심령은 병들어 있고 약해져 있습니다. 이러한 사람들은 성령님의 근심과 탄식을 가져옵니다. 그러므로 유혹과 욕심과 나쁜 악습에서 벗어나서 건강하고 기쁜 신앙생활을 하는 그리스도인으로 거듭나야 하겠습니다.

영국의 유명한 유통업체인 '마타린' 사가 16~60세 영국 여성 2,491명을 대상으로 설문조사를 했습니다. 여성은 일생동안 287일을 옷을 고르는 데 쓴다고 합니다. 어제보다 아름답고 세련되어 보이고 싶은 욕망으로 하루 평균 두 벌의 옷을 고르고 매일 15~20분 정도를 입고 나갈 옷 때문에 고민하는 것으로 나타났습니다. 매일 입는 옷을 선택하고 결정하는 것이 이렇게 어렵다는 것입니다.

저는 우리들의 신앙생활도 이렇게 하자고 강권하고 싶습니다. 죽는 길보다는 사는 길을, 패하는 경우보다는 성공하는 경우를, 포기하는 것보다는 도전을, 절망보다는 영광을, 오늘보다는 영원을, 죽음보다는 생명을, 질병보다는 건강을 선택하자는 것입니다. 그러기 위해서 주님의 말씀에 따라 바르게 건강하게 살아가는 그리스도인이 됩시다.

2018. 2. 18.

27
생각을 분별하라

요 13:2

"마귀가 벌써 시몬의 아들 가룟 유다의 마음에 예수를 팔려는 생각을 넣었더라."

우리가 부정적인 생각을 하게 되면 악한 영이 틈을 타고 들어와서 우리의 생각과 감정을 움직일 수 있는 영향력을 행사할 수 있습니다.

악한 영들 즉 마귀는 육체가 아니라 영적인 존재들입니다. 그들은 육체의 법칙에 따라 움직이지 않고 영의 법칙에 따라 움직입니다. 그렇기 때문에 사람 안에 들어와 그 영향력을 행사하기 위해서 먼저 사람에게 어떤 생각을 집어넣으며, 그 생각을 그 사람이 거부하지 않고 받아들인다면 그 사람의 마음을 점령할 수가 있습니다.

우리는 예수님 제자인 가롯 유다가 은전에 예수님을 팔아넘긴 사건을 잘 알고 있습니다. 그러한 어처구니없는 황당한 생각은 어디에서 생겨났을까요? 바로 오늘 본문에서 그 사실을 잘 밝히고 있습니다.

"마귀가 벌써 시몬의 아들 가롯 유다의 마음에 예수를 팔려는 생각을 넣었더라."

예수를 팔려는 생각은 가롯 유다의 생각이 아니었습니다. 그 생각은 어디로부터 왔습니까? 그 생각은 마귀로부터 온 것이었습니다. 마귀가 그 생각을 가롯 유다에게 집어넣었는데, 유다가 그 생각을 받아들였기 때문에 결국 그 생각은 가롯 유다의 것이 되어 버린 것입니다.

이 사실은 분명합니다. 즉 악한 마귀가 우리를 미혹하여 악하고 더러운 생각으로 충동질을 합니다. 이럴 때 이것을 분별하고 받아들이느냐 거절하느냐 하는 것은 그 사람의 책임입니다. 그렇기 때문에 나중에 "죄송합니다. 미안합니다. 그것은 내 생각이 아니었습니다. 그것은 마귀가 주는 생각이었네요"라고 할 수 없습니다.

마귀는 아무에게나 이러한 유혹으로 생각을 넣어 주지

않습니다. 그들은 충분히 그럴 듯한 상황에서 일을 합니다.

예를 들어서 화가 날 상황에서 분노와 혈기를 가져다줍니다. 가룟 유다에게 그러한 생각을 넣어 준 것도 그가 그러한 생각을 받아들일 만한 요소가 있었기 때문입니다.

또 한 가지 중요한 사항은, 가룟 유다가 마귀의 생각과 충동질하는 유혹을 받아들인다고 해서 갑자기 마귀의 모습으로 변하는 것은 아닙니다. 그렇게 된다면 누구든지 마귀가 무슨 짓을 하는지, 악령이 사람에게 어떻게 역사하는지를 알 수 있을 것입니다. 그러나 악한 영들은 그렇게 일하지 않습니다. 그는 여전히 가룟 유다의 모습을 가지고 일을 합니다.

그래서 예수님 제자들 중 그 어느 누구도 가룟 유다의 내적인 변화에 대해서 알지 못한 것입니다. 다만 주님만이 그의 안에서 일어나는 생각과 마귀의 움직임에 대해 감지하고 계셨습니다. 주님은 우리의 생각과 마음을 아시며 영의 움직임을 감지하고 계시기 때문입니다.

요한복음 13장 27-28절을 보면 "이에 예수께서 유다에게 이르시되 네 하는 일을 속히 하라 하시니 이 말씀을 무슨 뜻으로 하셨는지 그 앉은 자 중에 아는 이가 없고"라고 했습니다. 우리들 역시 기도를 많이 하고 영적으로 깨어 있으면 이러한 마귀의 움직임을 쉽게 감지하고 영적인 분별력을 가질 수 있습니다.

악한 영들은 사람의 마음속에 부정적인 생각을 집어넣습니다. 그리하여 자신의 영향력을 행사하는 것이 일반적으로 마귀가 역사하는 방법입니다. 마귀의 미혹이나 유혹에 넘어갈 수 있는 틈을 보이면 마귀는 그 틈을 파고들어 그럴듯한 빌미를 제공하는 것이 마귀의 수법입니다.

술 담배를 끊고 10년간 신앙생활을 잘 하시던 P집사님은 여름에 더울 때 시원한 맥주 광고를 보던 중 불현듯 딱 한 캔만 마시고 싶다는 생각이 들어서 부인과 아이들 몰래 동네 슈퍼에서 시원하게 갈증을 풀었다고 합니다. 정말 어렵게 교회 다니면서 술 담배를 10년 동안 잘 끊었던 그가 그 한 잔으로 다시 술 담배를 가까이하다가 최근에는 알코올 중독 상태까지 이르게 되었습니다.

이러한 경우를 보더라도 우리가 얼마나 쉽게 유혹에 넘어가는지를 잘 알 수가 있습니다.

악한 영들은 사람들 마음속에 생각으로 역사할 수 있습니다. 그리고 사람의 마음과 감정을 충동질할 수 있습니다 그뿐만 아니라 반대로 사람 안에 있는 긍정적이고 좋은 생각을 빼앗아 가기도 합니다.

마태복음의 씨 뿌리는 비유에서 주님은 길가에 떨어진 씨에 대한 말씀을 하셨습니다. 마태복음 13장 3-4절을 보면 "예수께서 비유로 여러 가지를 그들에게 말씀하여 이르시되 씨를 뿌리는 자가 뿌리러 나가서 뿌릴새 더러는 길가에 떨어지매 새들이 와서 먹어버렸고……"라고 했습니다.

이 말씀에 대하여 제자들이 묻자 주님은 이렇게 설명해 주십니다. 18-19절에서 "그런즉 씨 뿌리는 비유를 들으라 아무나 천국 말씀을 듣고 깨닫지 못할 때는 악한 자가 와서 그 마음에 뿌려진 것을 빼앗나니 이는 곧 길가에 뿌려진 자요"라고 하셨습니다. 즉 악한 영이 사람들이 복음을 들을 때 그것을 깨닫지 못하도록 방해하며, 그 말씀이 그의 안에 뿌리를 내리지 못하도록 새들이 씨를 먹어버리는 것처럼 그 사람의 마음속에서 사라지게 한다는 것입니다. 바로 이것이 마귀들이 사람의 마음과 생각 속에 하는 일들입니다.

마귀는 사람들 안에 악한 생각이나 충동적인 생각, 감동을 집어넣으며 복음이나 좋은 생각은 빼앗아 버립니다. 그래서 부정적인 생각이나 갑자기 흥분되는 충동적인 생각 등은 정말 이것이 과연 내 생각인지를 잘 분별해서 행동해야 합니다. 그렇게 하면 후회하는 일들이 일어나지 않을 것입니다.

악한 마귀는 사람의 생각과 감정을 자극함으로써 일을 합니다. 이러한 영적인 원리를 잘 모르고 이해를 하지 못한다면 그 사람은 자기가 알지 못하는 사이에 악한 영들에게 사로잡혀 쓰임 받는 도구가 될 수 있음을 알아야 합니다. 그러므로 신앙생활을 잘하는 영적인 사람들은 자신의 의식과 생각을 사용하는 것을 분별하고 주의하는 일에 신경을 써야 할 것입니다.

생각은 악한 마귀가 틈타고 들어올 수 있는 영의 통로라는 사실을 인지하고 있어야 합니다. 악한 영은 생각을 통하여 일을 합니다. 그들은 악한 생각이나 충동을 집어넣고 긍정적이고 좋은 생각은 하지 못하게 하거나 빼앗아 가져갑니다.

그러므로 깨어 있어서 자신 안에 떠오르는 생각이나 감정 등의 충동이 악한 영으로부터 오는 것이 아닌지를 분별할 줄 알아야 합니다. 갑작스러운 불안, 두려움, 걱정 근심 등 부정적인 생각 등을 잘 살펴보고 분별할 줄 아는 그리스도인이 되어야 합니다.

그리고 하나님의 사랑과 은혜에 대한 기억과 감동 등은 잊어버리지 않도록 잘 관리하고 지켜야 합니다. 그렇게 생각과 마음을 잘 관리하는 것이 영적 전투에서 승리하는 비결입니다.

2018. 2. 25.

28
억압된 자유의지

마 18:18

"진실로 너희에게 이르노니 무엇이든지 너희가 땅에서 매면 하늘에서도 매일 것이요 무엇이든지 땅에서 풀면 하늘에서도 풀리리라."

●　✝　●

본문 말씀을 보면 "진실로 너희에게 이르노니 무엇이든지 너희가 땅에서 매면 하늘에서도 매일 것이요 무엇이든지 땅에서 풀면 하늘에서도 풀리리라"고 했습니다.

매였다는 것은 묶여 있다는 말입니다. 우리의 의지가 묶여 있으면 자신의 마음을 제대로 표현하지 못하여 결국 내적인 시달림으로 속사람이 병들고 맙니다.

악한 영들은 우리의 의지를 억압할 때가 많습니다. 우리가 하고 싶지 않은 일을 억지로 하게 할 때도 있습니다. 그러므로 마귀의 역사에는 고통이 있고 억압과 묶임이 있습니다. 이것은 애굽에서 노예 생활을 하던 이스라엘 백성의 상태를 보면 쉽게 이해가 갈 것입니다.

이스라엘 백성은 이미 하나님과 약속한 언약의 백성이었고 그들에게는 하나님께서 약속하신 땅이 있었습니다. 그럼에도 불구하고 그들은 애굽의 노예로 있으면서 바로의 잔학한 통치 아래서 벗어나지 못하고 있었습니다. 그들에게는 자유가 없습니다. 쉬고 싶어도 쉬지 못하고 하고 싶은 일도 마음대로 하지 못하는 묶임 그 자체였습니다. 모세가 오기 전까지 그들은 그러한 묶임 속에 굴종의 삶을 살고 있었습니다.

그러한 그들의 모습은 오늘날 영적으로 묶여 있는 많은 그리스도인들의 영적 상태를 보여주는 것입니다. 그들에게는 하나님의 약속의 말씀이 있고 그 권능의 약속과 자유가 있음에도 불구하고 그들은 자신이 묶여서 살고 있다는 사실조차 인식하지 못하고 살고 있습니다.

그저 세상 살아가는 것이 고생이며 힘든 것이라는 정도로 인식하고 이해하고 있을 뿐입니다. 그들은 억압 속에서 묶여 살면서도 내 팔자려니 하고 사는 사람들이 대부분이었습니다. 그러나 영적인 눈을 뜨기 시작하면서 그들은 비로소 자유와 해방의 기쁨이 무엇인지를 알게 된 것입니다.

악한 영들에게 묶여 있을 때 그리스도인들은 노예처럼 살게 됩니다. 그들의 의지는 자유롭지 못합니다. 항상 무엇을 하겠다고 결심하지만 거기에서 벗어나지 못합니다. 무언가 변화되고, 고치고, 나쁜 악습을 버리겠다고 하지만 작심삼일이 되고 마는 이유가 무엇입니까? 영적으로 묶여 있기 때문입니다. 후회하고, 울고, 또 기도해 보지만 여전히 죄의 습관에서 벗어나지 못하는 이유가 무엇일까요? 알 수 없는 것에 묶여 있고 잡혀 있기 때문입니다.

많은 사람들이 중독에 빠져 있는 것을 볼 수 있습니다. 술, 담배, 마약, 도박 등에서 벗어나려고 애를 씁니다. 하지만 쉽지 않습니다. 이유가 무엇일까요? 영적으로 악한 영에게 묶여 있기 때문입니다.

바로가 이스라엘 백성들을 통치하며 채찍으로 자신의 성들을 건축하게 시킨 것처럼 오늘날도 마찬가지입니다. 북한의 김정은이 공포 정치로 억압하고 있지만 정작 북한 주민들은 자신들이 묶여서 자유가 없다는 사실을 인식하지 못하는 것처럼, 우리 그리스도인들도 하나님이 허락하신 자유의지를 다 잃어버리고 무엇에 고통을 받고 있는지를 모르는 채 영적으로 묶인 상태에서 다만 자신의 의지가 약하다고 하소연만 할 때가 많습니다.

저는 어떤 자매가 식탐으로 비만으로 고통 받는 것을 보았습니다. 그녀는 식욕을 절제할 수 없다고 하소연했습니다. 그녀는 남대문 시장에서 의류업을 하고 있는데, 낮에는 여러 가지 일로 밥을 먹는 둥 마는 둥 하는데 밤이나 새벽에는 냄비째로 먹는데 절제가 안 된다는 얘기를 듣고, 심리적인 분석을 해준 적이 있습니다.

바쁠 때는 불안해서 잘 못 먹고 스트레스 받다가 밤이나 새벽에는 누구도 간섭하는 사람이 없으니까 마구 먹는 잘못된 식습관이라는 것을 알려 주면서, 그러한 묶임에서 자유함을 가지기 위해 기도할 것을 권면하였습니다.

술과 도박 그리고 음란이나 약 중독에 묶여 있는 사람이 있는가 하면, 불안이나 두려움, 우울증이나 강박증에 사로잡혀 자유롭지 못한 사람들을 주위에서 많이 볼 수 있습니다. 그들은 모두 의지가 묶여 있습니다. 과연 그 배후에 누가 있을까요? 바로 악한 마귀들입니다. 이것을 제대로 알고 기도할 때 우리는 자유함을 얻을 수 있습니다.

의지의 억압에 대해 한번 생각해 보기로 합시다. 원래 태어날 때부터 의지가 약한 사람이 있는 것일까요? 아니면 의지는 멀쩡한데 누군가 방해를 하는 존재가 있는 것일까요? 올바른 답은 후자입니다. 우리의 의지는 방해자가 없다면 아주 자유로운 것입니다. 만약 자유롭지 않다면 그것은 누군가가 우리의 의지를 억압하고 있는 것입니다.

저는 이 사실을 목회 초기 때 어떤 사건으로 말미암아 깨달은 적이 있습니다.

다른 목사님들도 마찬가지이겠지만 목사님이 설교 메시지를 전할 때 대부분의 성도들이 "은혜 받고 좋았습니다" 하는 반응을 보일 때 제일 기쁘고 하나님 메시지를 전하는 보람을 가집니다.

그런데 성도 중 K집사라는 한 분이 유독 은혜가 되니 안 되니 하면서, 이번에 설교하신 내용은 누구를 향해 때리는 말씀이고 또 오늘 설교는 설교 자체가 너무 진중하지 못하다는 등의 시비를 거는 바람에 저는 그 집사님을 볼 때마다 미움과 분노로 고통을 받은 적이 있었습니다.

설교를 준비할 때마다 K집사의 표정이 생각나면서 설교 준비가 잘되지 않고 또 생각만 해도 미움과 분노로 그러한 마음이 잘 지워지지 않았습니다. 기도도 해 보고 미움을 버리고 분노도 삭혀 보려고 아무리 노력해도 잘 되지가 않아서, 어느 날 기도하던 중 저 자신에게 질문하고 답하는 식으로 주님과 대화를 나눈 적이 있었습니다.

"너, 정말로 K집사를 미워하느냐?"

"아니에요. K집사가 하나님 말씀 가지고 시비를 걸긴 걸었지만 저는 그런 마음을 버리기 위해 얼마나 노력을 했는데……."

"그러면 내가 그를 미워하고 용서하면 안 된다고 했느냐?"

"아니에요, 주님께서 그럴 리가 없지요."

"그러면 너도 아니고 나도 아니라면 누가 그렇게 증오하고 미워하는 마음을 너에게 주고 있니?"

저는 이러한 깨달음으로 그다음부터 K집사를 대하는 태도나 행동이 크게 달라지고 저 자신이 괴로워하던 고통도 다 사라지고 말았습니다. 그 후 K집사는 우리 목사님 참 괜찮은 분이라고 자랑하고 다니는 성령의 역사가 일어났고, 저 역시 그분 덕으로 더 훌륭한 메시지를 전할 수 있는 목회자로 거듭날 수 있었습니다.

우리의 자유의지를 억압하거나 방해하는 세력은 마귀들입니다. 방해하는 세력들이 있을 때 용서나 사랑하려는 의지가 무기력해질 때가 있습니다. 내 의지가 약해서가 아닙니다. 영적인 전쟁에 있어서 우리들의 이러한 체험과 지식은 우리의 신앙생활을 더 유용하고 아름답게 영위할 수 있도록 도와줄 것입니다. 이를 통해 승리하시기를 축원합니다.

2018. 3. 1.

29
치유하시는 하나님

"이르시되 너희가 너희 하나님 나 여호와의 말을 들어 순종하고 내가 보기에 의를 행하며 내 계명에 귀를 기울이며 내 모든 규례를 지키면 내가 애굽 사람에게 내린 모든 질병 중 하나도 너희에게 내리지 아니하리니 나는 너희를 치료하는 여호와임이라."

하나님은 모든 자녀들이 강건한 삶을 살아가기를 원하십니다. 그럼에도 불구하고 믿는 하나님 자녀 중에도 많은 이들이 육신의 질병으로 고통을 당하거나 정신적으로 영적으로 병들어 있는 사람이 많습니다. 원인 없는 결과가 있을 수 없듯이 모든 질병에는 원인이 있으므로 그 원인을 알면 쉽게 치유될 수 있습니다. 그래서 질병의 문제를 해결 받기 원하면 무엇보다 질병의 원인을 먼저 알아야 합니다.

현대 의학에서도 병의 원인을 알아야 치료할 수 있으므로 병의 원인을 찾기 위한 여러 가지 검사를 해 봅니다. 오늘 본문을 통하여 질병의 원인이 무엇인가 알아보고, 어떻게 해야 질병에서 벗어나 건강한 삶을 영위할 수 있는지를 알아보도록 하겠습니다.

하나님은 출애굽기 15장 26절을 통하여 "너희가 너희 하나님 나 여호와의 말을 들어 순종하고 내가 보기에 의를 행하며 내 계명에 귀를 기울이며 내 모든 규례를 지키면 내가 애굽 사람에게 내린 모든 질병 중 하나도 너희에게 내리지 아니하리니"라고 약속하셨습니다. 하나님 자녀는 하늘나라 백성이므로 하늘나라 법을 좇아야 합니다.

미국 시민권을 얻을 때 재미있는 사실이 있습니다. 만약에 한국과 미국이 전쟁을 한다면 당신은 어느 편에 설 것이냐는 것입니다. 여기서 자칫하면 이 질문의 함정에 빠져 애국심에 "나는 한국에서 태어났고 아직 시민권 획득전이니까 당연히 한국 편이죠" 했다가는 미국 시민권을 얻는 데 실패하고 맙니다. 우리 역시 어제까지는 세상 사람이었지만 지금은 천국 백성이요 하나님의 자녀이기 때문에, 하나님 말씀을 지키지 못할 때 질병의 세력이 틈을 타고 들어올 수가 있습니다.

모든 병이 귀신이 주거나 잘못 믿어서 생기는 병은 아니지만, 하나님 말씀대로 경건하게 살지 못할 때 오는 죄의 병들이 분명히 있습니다. 우리가 죄를 범하면 불안하고 두렵고 어둠의 세력으로 인하여 마음의 병으로 인하여 육신의 질병도 생긴다는 것입니다.

축복의 장이라고 할 수 있는 신명기 28장을 보면, 하나님 여호와의 말씀을 잘 듣고 모든 명령을 지켜 행하면 모든 복을 받을 것이라고 기록되어 있는 반면에, 모든 명령과 규례를 지켜 행하지 않으면 모든 저주가 임하고 미칠 것인데 특히 어떠한 질병이 임하게 되는지에 대해서 자세히 기록되어 있습니다.

'염병이 들게 하사, 폐병과 열병과 염증과 학질과 한재와 풍재와 썩는 재앙으로 너를 치시리니, 애굽의 종기와 치질과 괴혈병과 피부병으로 너를 치시리니 네가 치유 받지 못할 것이며, 미치는 것과 눈머는 것과 정신병으로 치시리니 구원할 자가 없을 것이며, 무릎과 다리를 쳐서 고치지 못할 심한 종기를 생기게 하여 발바닥에서부터 정수리까지 이르게 하시리라'(신 28:21-35 참조)고 하였습니다.

질병의 원인이 하나님 말씀을 거역하는 죄로 인한 것이라는 사실을 깨닫고, 이러한 질병이 임했을 때 하나님 말씀대로 지켜 행하지 못한 것을 회개하고 죄 사함을 받으면 놀라운 하나님의 역사가 나타날 수가 있습니다.

'나는 죄를 짓지 않았는데 이러한 질병으로 고통을 받는다'고 주장하시는 분이 더러 있습니다. 그러나 하나님의 말씀은 하나님 보시기에 의를 행하고 모든 규례를 지키면 모든 질병이 하나도 내리지 않는다고 하셨기 때문에, 분명히 무언가 하나님의 의를 행치 않았거나 규례를 지키지 않았음을 인정해야 합니다.

그러면 무엇이 죄가 되어서 질병이 임하게 된 것일까요? 하나님께서 주신 건강한 몸을 무절제하게 사용했거나 비도덕적으로 잘못을 행하거나 하나님 말씀대로 살지 않고 실수를 범했다거나 불규칙적인 생활을 하거나 부정적인 생각이나 악습에 의해 병이 생기는 경우를 보게 됩니다. 과식을 하거나 식사를 규칙적으로 하지 않아서 생기는 위장병 등 소화기 이상이나 술, 담배 등을 절제하지 못한 간질

환, 또는 몸을 너무 무리하게 사용하여 생기는 각종 질병 등이 그 예입니다.

자신이 생각해도 죄가 되지 않는 것 같으나 하나님 보시기에는 죄로 인해 생기는 각종 질병들이 많습니다. 모든 삶과 생활 속에서 하나님의 말씀을 잘 지켜 자신을 잘 관리하는 것이 건강의 비결이라 할 수 있습니다.

특히 현대 병 중에 신경성 질환이나 정신적으로 오는 질병으로 고통을 받는 사람들이 많습니다. 하나님 말씀대로 참고 인내하며 진리대로 용서하며 사랑하며 이해한다면 이러한 질병으로부터 해방될 수 있는데, 마음에 악이 있어 하나님 말씀대로 행하지 못하니까 신경적인 장애가 일어나서 몸의 면역력과 기능이 저하되거나 마비되는 증세가 나타나는 것입니다.

우리 주변을 보면 악하지 않고 선한 것 같은데도 이러한 질병으로 고통 받는 사람들이 있습니다. 그러나 이것은 사람이 볼 때 선한 것 같아도 중심을 보시는 하나님이 보시기에는 우리가 모르는 부분이 있을 것입니다.

겉으로는 화를 내지 않고 내면의 분노로 자신을 괴롭히

니 신경적인 장애가 오고 그로 인해 여러 가지 질병이 생기는 것을 많이 보았습니다. 즉 정상적인 감정 표현도 분노로 억제하고 있으니 화를 내고 분을 발산하는 사람보다 더 큰 병이 생기는 것입니다.

진리 안에서의 선함은 감정의 갈등으로 고통 받는 것이 아니라 하나님의 말씀으로 풀고 치유 받아 회복되는 것입니다. 이와 같이 신경성이나 정신적으로 오는 병도 자신이 무지하여 잘못 행하거나 악하기 때문에 병을 자초할 때가 있습니다. 사랑의 하나님, 치유의 하나님은 이러한 우리를 긍휼히 여기시어 고쳐 주시고 회복시켜 주십니다.

신경성이나 정신적인 병 외에도 영적인 마귀의 공격으로 질병에 걸리는 경우도 허다합니다. 하나님의 뜻을 저버리고 하나님 말씀대로 살지 않는 불의한 삶으로 마귀의 공격 대상이 될 수가 있습니다. 우상을 숭배해서 가정에 병든 자, 신체장애자, 귀신 들린 자가 많은 이유가 바로 하나님의 계명과 규례를 지키지 않는 불신에 의한 질병들이기 때문이라 할 수 있습니다.

출애굽기 20장 5-6절을 보면 "나 네 하나님 여호와는 질투하는 하나님인즉 나를 미워하는 자의 죄를 갚되 아버지로부터 아들에게로 삼사 대까지 이르게 하거니와 나를 사랑하고 내 계명을 지키는 자에게는 천 대까지 은혜를 베푸느니라"라고 했습니다. 아멘.

우리를 사랑하시는 여호와 하나님의 뜻을 저버리고 살아감으로써 원수 마귀가 주는 여러 가지 영적인 병에 노출되는 것입니다. 그러므로 우리는 믿음으로 하나님의 '의'를 실천하며 살아갈 때 건강하여 하나님께 영광을 돌리는 축복의 삶이 될 수 있습니다.

믿음으로 의롭게 행하는 자가 되어서 영혼이 잘됨같이 모든 질병도 치유 받아 강건한 몸이 되고 하나님 말씀을 잘 지켜 행하므로 복 받는 건강한 그리스도인이 됩시다.

2018. 3. 8.

30
치유의 권능

마 10:1

"예수께서 그의 열두 제자를 부르사 더러운 귀신을 쫓아내며 모든 병과 모든 약한 것을 고치는 권능을 주시니라."

하나님을 믿지 못하는 사람들에게 살아 계신 하나님을 증거하는 방법에는 여러 가지가 있겠지만, 질병을 치료함으로 나타내는 경우가 많습니다. 특히 의학적으로 불가능한 난치병이나 불치병을 치료 받았을 때 하나님이 살아 계심을 느꼈다는 분들이 많았습니다.

우리 주변을 보면 아무리 부귀영화와 권세, 명예와 학식을 지녔어도 질병의 문제를 해결 받지 못해 고통 속에 살아가는 사람들이 많습니다. 현대 의학으로도 불가능한 질병이라도 하나님께 맡기고 의지하면 불가능도 가능해지는 것이 바로 하나님의 치유의 권능입니다.

무에서 유를 창조하시고 마른 가지에도 싹이 나게 하시고 죽은 자도 살리시고 없는 것도 있게 하시는 하나님이야말로 능치 못할 일이 없는 전능자이시기 때문입니다. 실로 하나님의 능력은 어떠한 질병이나 약한 것이라도 다 고칠 수 있습니다.

마태복음 4장 23절을 보면 "예수께서 온 갈릴리에 두루 다니사 그들의 회당에서 가르치시며 천국 복음을 전파하시며 백성 중의 모든 병과 모든 약한 것을 고치시니"라고 했습니다. 예수님이 이 땅에 오셔서 하셨던 세 가지 사역입니다. '가르치시고', '전파하시고', '고치시고'입니다. 그리고 본문 마태복음 10장 1절에서 "모든 병과 모든 약한 것을 고치는 권능을 주시니라" 하여 모든 질병과 약한 것을 구별하여 말씀하였습니다.

여기서 약한 것이란 감기 몸살과 같은 가벼운 병을 말하는 것이 아닙니다. 부모나 자신의 실수 또는 사고로 인하여 신체의 어떤 기관이 잘못되어서 그 기능이 마비되거나 퇴화되어 정상적인 활동이 불가능한 신체 이상 증세를 말합니다. 예를 들면 벙어리, 귀머거리, 맹인, 앉은뱅이, 소아마비 등 인간의 능력이나 방법으로는 도저히 고칠 수 없는 경우가 약한 부분에 속하는 것입니다. 그러므로 하나님의 치유의 권능에는 불치가 없다는 것입니다.

우리가 예수를 믿고 영접하면 하나님께서 성령을 선물로 주십니다. 성령을 받음으로 하나님의 자녀가 되는 권세를 얻게 되는데, 성령이 임할 때 아주 중한 병을 제외하고는 대부분의 질병이 치유되는 것을 저는 치유 목회를 통하여 경험하였습니다. 성경의 예로 보아도 요한복음 9장에 나오는 맹인이 눈을 뜨게 되는 내용이나 사도행전 3장 1-10절의 성전 미문의 앉은뱅이 사건만 보더라도 주님의 치료의 권능으로 고치지 못하는 병이 없음을 알 수 있습니다.

그래서 약한 것을 치료받고자 한다면 본인에게 반드시 예수 그리스도를 믿는 믿음의 확신이 필요합니다. 앉은뱅이는 비록 미문에서 구걸은 했을망정 예수를 믿는 믿음이 있었기에 하나님의 권능을 받은 베드로의 기도에 응답을 받아 치유되었던 것입니다

그래서 사도행전 3장 16절을 보면 "그 이름을 믿으므로

그 이름이 너희가 보고 아는 이 사람을 성하게 하였나니 예수로 말미암아 난 믿음이 너희 모든 사람 앞에서 이같이 완전히 낫게 하였느니라"고 했습니다. 치유는 받는 자나 기도하는 자가 하나가 될 때 성령의 역사로 치유가 이루어지는 것입니다.

하나님의 치유의 권능은 모든 질병이 치유될 수 있다는 믿음이 전제되어야 합니다. 그렇다면 성경을 통하여 약한 자를 치유하는 주님의 치유 방법에 대하여 알아보겠습니다.

마가복음 7장 31-37절을 보면 귀머거리도 듣고 벙어리도 말하게 하신 하나님의 권능이 잘 나타나 있습니다. 사람들이 귀먹고 어눌한 자를 고쳐 주시기를 간구했는데 예수님은 따로 데리고 무리를 떠나셨습니다. 그리고 손가락을 그의 양 귀에 넣고 그의 혀에 손을 대시며 하늘을 우러러 탄식하시며 그에게 "에바다"('열리라'는 뜻)라고 말씀하시니 그의 귀가 열리고 혀의 맺힌 것이 곧 풀려 말이 분명해졌습니다. 이것이 바로 하나님의 치유의 권능입니다. 믿어지십니까? 믿어지면, 이러한 역사가 반드시 일어난다는 확신을 가지면 치유의 역사가 나타납니다.

마가복음 8장 22-25절을 보면 소경의 눈을 뜨게 하신 주님의 모습을 볼 수 있습니다. 요한복음 9장 6-9절에도 나면서 소경 된 자를 치유하시는 장면을 볼 수 있습니다. 주님께서 진흙을 이겨 소경의 눈에 발라 주시니 소경이 감촉을 느끼고 낫겠다는 믿음을 갖게 되었습니다. 이와 같이 예수님은 믿음이 적은 소경에게 믿음을 더해 주어서 치료받을 수 있는 믿음을 갖게 한 다음 그 권능으로 눈을 뜨게 하셨습니다.

주님께서는 요한복음 4장 48절에서 이렇게 말씀하십니다. "너희는 표적과 기사를 보지 못하면 도무지 믿지 아니하리라." 성경 말씀만을 전하고 병 고침의 기적이나 은사적인 표적을 나타내 보이지 않는다면 영적인 체험이 없으므로 믿음의 확신을 가질 수가 없습니다. 그래서 은혜와 진리가 하나가 되어야 하고 신령과 진정의 조화도 잘 이루어져야만, 보이지 않는 하나님을 확실하게 믿는, 믿음의 성장에 큰 도움이 된다고 봅니다. 그렇다고 신비주의를 선호하라는 것이 아니라 체험 신앙의 중요성을 말하는 것입니다.

예수님께서 복음을 전하시며 각색 병든 자와 약한 자를 치료해 주신 것과 같이 그의 제자들도 주님과 같은 하나님의 권능을 행하였습니다. 앞에서 언급한 것처럼 사도행전 3장 6-10절을 보면 베드로가 앉은뱅이에게 "나사렛 예수 그리스도의 이름으로 걸으라 하고 오른손을 잡아 일으키니 발과 발목이 곧 힘을 얻고 뛰어 서서 걸으며……걷기도 하고 뛰기도 하며"라고 기록되어 있습니다.

이와 같이 베드로가 하나님의 권능을 받아 행하는 기사와 표적을 보았기에 주께로 나오는 사람들이 더 많았고, 심지어는 병든 사람을 메고 거리에 나가 침대와 요 위에 누이고 베드로가 지나갈 때 혹 그 그림자라도 덮일까 바라고 예루살렘 부근의 수많은 사람들도 모여 병든 사람과 더러운 귀신에게 괴로움 받는 사람을 데리고 와서 다 나음을 얻었다고 했습니다(행 5:14-16 참조).

오늘날도 하나님의 치료의 권능을 믿고 예수님 앞으로 나오는 사람은 하나님의 치유의 권능을 체험할 수 있습니다. 치유의 권능을 받는 사람이 따로 있는 것은 아닙니다. 사도 베드로나 바울, 집사 빌립이나 스데반 같이 성결하고 온전한 믿음과 사랑이 임한 사람들에게는 하나님의 권능이 나타납니다. 그러므로 각종 질병과 약한 것을 고침 받고자 하는 믿음을 가지고 나오면 하나님의 권능을 체험할 수 있습니다.

저는 치유 목회를 하면서 현대 의학으로는 불가능한 질병들이 하나님의 권능으로 치유되는 실제적인 체험을 많이 했습니다. 죽은 자도 살리시고, 불가능도 가능하게 하시며, 없는 것도 있게 하시는 하나님의 권능은 제한을 받지 않는 초자연적인 치유의 능력입니다.

이러한 놀라운 하나님의 능력을 믿고 간절히 구하는 자가 되어 모든 질병의 문제를 해결 받고 하나님의 살아 계심을 증거하는 건강한 그리스도인이 됩시다.

2018. 3. 16.

31
성인 아이의 치유

고전 13:11

"내가 어렸을 때에는 말하는 것이 어린아이와 같고 깨닫는 것이 어린아이와 같고 생각하는 것이 어린아이와 같다가 장성한 사람이 되어서는 어린아이의 일을 버렸노라."

　우리는 모두 어린 시절을 겪고 살았습니다. 그런데 그것은 단순히 인생의 한 시기로 끝나는 것이 아니라, 어린 시절에 받았던 영향력이 그 사람의 일생을 지배한다는 사실을 알아야 합니다. 우리가 어린 시절을 다 기억하지 못한다 할지라도 우리는 그때 많은 영향을 받으면서 성장해 왔습니다.
　나에게 가장 큰 영향을 끼친 분들은 아마도 부모일 겁니다. 외모, 성격, 생활 습관, 기질 등은 모두 다 부모로부터 물려받거나 답습되었다고 해도 과언이 아닐 것입니다. 그렇기에 우리 속에는 어린 시절 형성된 내가 숨어 있습니다.

내 속에 있는 어린아이를 '내재적 자아, 과거의 어린아이'라고 심리학자들은 말하고 있습니다.

이 세상에는 두 종류의 어린아이가 있습니다. 하나는 어른 속에 잠재된 어린아이이고, 또 하나는 지금 현재 신체적으로 소년기의 아이들입니다. 그래서 현재 우리의 가정에는 자라는 아이가 있고, 부모 속에 잠재된 어린아이가 있습니다. 결국 지금 어린아이를 향해 가르치고 영향을 미치는 것은 내 속에 있는 성인 아이라 할 수 있습니다. 그 성인 아이가 현재 우리를 지배하고 또 다스리고 있습니다.

부모가 살아왔던 삶의 모습이 자녀들에게 대물림되어 반복된다는 사실은 놀라운 일이 아닐 수 없습니다. 어린 시절에 경험했던 모든 일들의 영향이 우리가 어른이 되고 부모가 되어도 그대로 잠재되어 존재한다는 것입니다. 유년기를 지배했던 어떤 형상이 평생의 삶의 스타일과 의식 구조를 결정하고 지배할 수 있습니다.

우리는 막연하게 우리가 성장했으니까 어른이 된 것처럼 생각하지만 사실 어른이 되지 못한 미숙한 점을 가지고 아이들을 대할 때가 많습니다.

우리에게는 하나님께서 인간을 창조하실 때 주셨던 순수한 형상도 있지만 이 세상에서 받은 영향으로 잘못 형성된 것들이 더 많이 잠재되어 있습니다. 사도 바울은 고린도 교인들에게 보낸 서신에서 중대한 교훈을 말하고 있습니다.

본문 말씀인 고린도전서 3장 11절에서 "내가 어렸을 때에는 말하는 것이 어린아이와 같고 깨닫는 것이 어린아이와 같고 생각하는 것이 어린아이와 같다가 장성한 사람이 되어서는 어린아이의 일을 버렸노라"고 했습니다.

많은 사람들은 어린아이의 일을 버리지 못하고, 어렸을 때 받았던 나쁜 습관과 성격, 기질, 인간성을 그대로 가지고 살면서 자기를 괴롭히고, 남도 괴롭히는 본성을 가지고 살아갑니다. 사도 바울이 교인들에게 '사랑의 장'이라는 고린도전서 13장에서 왜 이런 말을 했을지 생각해 봅시다.

당시에 고린도 교인들은 많은 은사를 받았습니다. 방언

도 받고, 예언의 능력도 받고, 또 방언 통역의 은사도, 지식과 지혜의 은사도 받았습니다. 그럼에도 불구하고 사도 바울이 저들에게 신앙의 유치한 면을 보고 있었던 것입니다.

이렇게 많은 은사를 받고 신앙적으로 성숙함에도 불구하고 말하는 것이나 행동하는 것은 너무나 유치하고 미성숙한 면을 가지고 있는 것에 대한 따끔한 책망이라고 할 수 있습니다. 성경을 많이 알고 이해하고 있는데 실제적으로 행동하는 것은 어린아이 수준인 것에 대한 따끔한 책망이라고 할 수 있습니다.

즉 은혜를 받을 때는 어른인데, 사소한 일로 다투거나 어리석은 행동을 할 때는 어린아이 같다는 것입니다. 오랜 신앙생활을 해온 교회의 장로님, 권사님들이 계십니다. 이들의 기도 생활이나 교회의 충성스러운 헌신을 보면 정말 놀라운 변화를 볼 수 있습니다. 그럼에도 도저히 이해할 수 없는 인격의 구습이 변화되지 않고 있는 것은 그의 내적 자아로, 아직 성인 아이를 극복하지 못한 데서 옵니다.

성인 아이의 치유는 우리 속에 잠재되어 있는 구습을 좇는 옛사람을 청산하는 것입니다. 그리고 주님의 사람으로 성숙한 인격으로 변화되는 것입니다.

개척 때부터 저를 도와주신 권사님이 한 분 계셨는데, 이분 역시 자신 안에 있는 성인 아이가 사라지지 않아 미성숙한 신앙인의 모습으로 저를 힘들게 하셨던 적이 있었습니다. 교회가 어느 정도 성장하면서 새로운 성도가 많이 들어오고 또 교회를 위한 일꾼들이 많아졌음에도 불구하고 개척 당시 자신이 일하는 방법을 고수하고, 목사를 독점하려는 잘못된 사랑의 방식으로 누군가 목사에게 접근하는 것을 싫어하고 자신의 고집대로 일을 하다 보니, 공동체에서 끊임없이 분쟁과 다툼이 일어났습니다. 한 번은 권사님을 불러서 이런 얘기를 한 적이 있습니다.

"권사님, 해마다 나무가 자라기 위해서는 나무 맨 꼭대기에는 해마다 새순이 나와야 하고 그다음 가지는 해마다 내려가서 아래 가지가 되어서 나무의 밑가지로서 튼튼하게 받쳐 주어야 그 나무가 건강하게 잘 자랄수 있습니다. 그런데 제일 윗가지가 순서대로 내려와서 밑가지가 되지 않는다면 그 나무는 성장이 멈춘 죽은 나무입니다. 교회 역시 개척 멤버가 성장해서 밑가지가 되어 주고 새순으로 올라오는 가지를 받쳐 주어야 성장이 계속 이루어질 수 있습니다"라고 이해를 시켰습니다.

조금 서운한 마음을 가지고 들으셨지만 그 후로 그분은 은혜 가운데 많은 양보와 이해를 잘하는 성숙한 신앙인의 모습을 보여 주셨습니다.

잘못된 성격은 하나님이 만드신 것이 아니라, 우리 자신의 작품입니다. 잘못된 성격은 자신의 책임입니다. 그러므로 반드시 고쳐야 합니다.

우리에게는 과거의 상처로 잘못된 성격, 부모들로부터 잘못 만들어진 성격, 자라면서 잘못 형성된 성격이 있습니다. 따라서 은혜로 그것을 고쳐가야 합니다. 하나님께서 각각의 사람에게 주신 기질을 바르게 찾아야 합니다. 그런데 그것을 모르고 "내 성격은 원래 이래요!" 하면 그는 평생 어린아이와 같은 행동을 하고 살 것입니다.

사도 바울처럼 이제 성숙한 그리스도인으로서 장성한 믿음의 분량을 가지고 성숙한 모습을 보이기를 주의 이름으로 축원합니다.

2018. 3. 25.

32
자만심의 치유

고후 12:7

"여러 계시를 받은 것이 지극히 크므로 너무 자만하지 않게 하시려고 내 육체에 가시 곧 사탄의 사자를 주셨으니 이는 나를 쳐서 너무 자만하지 않게 하려 하심이라."

정신적으로나 육체적으로 나에게 고통을 주는 것이 있다면 그것이 바로 '나를 찌르는 가시'라고 말할 수 있습니다. 사람은 누구나 다 찌르는 가시가 있습니다. 가시가 없는 사람은 아마도 없을 것입니다. 겉으로 평안하게 보이는 사람도 어떤 가시가 찌르고 있다면 고통과 괴로움의 삶이라 할 수 있습니다.

어떤 사람에게 일생 동안 몸에서 떠나지 않는 지병이 있다면 그것이 육체의 가시라 할 수 있습니다. 또 나를 힘들게 하고 괴롭히는 사람이 있다면 그 사람에게는 그것이 정신적인 가시라 할 수 있고, 영적으로 악한 영에게 시달림을 받고 있다면 곧 그것이 영적인 가시라고 할 수 있습니다. 이렇듯 일평생 사는 동안 가시 없이 사는 사람은 아무도 없고 누구든지 삶의 가시가 있기 마련입니다.

위대한 사도 바울에게도 남모르는 가시가 있었습니다. 그는 '육체의 가시, 사탄의 사자를 내게 주셨다'고 했습니다. 사도 바울을 찔렀던 이 가시를 칼빈은 영적인 유혹이나 의심, 양심의 가책이나 갈등으로 해석했고, 루터는 바울이 받았던 모든 핍박, 환난으로 보았으며, 또 어떤 신학자는 바울의 질병 즉 두통, 안질, 심장병 등으로 해석하기도 했습니다. 일반적으로는 바울을 끈질기게 고통스럽게 했던 육체의 질병으로 해석합니다.

본문의 말씀 고린도후서 12장 7절을 보면 "여러 계시를 받은 것이 지극히 크므로 너무 자만하지 않게 하시려고 내 육체에 가시 곧 사탄의 사자를 주셨으니 이는 나를 쳐서 너무 자만하지 않게 하려 하심이라"고 했습니다. 여기서 '사탄의 사자'라는 말은 마귀의 역사로, 곧 나를 찌른다는 것입니다. 직접 사탄이 고통을 주고 있으나 하나님의 허락을 받았다는 것입니다. 그래서 사탄이 하나님의 사자의 노릇을 하고 있다는 의미입니다. 사탄이 직접 우리를 괴롭히고 건드리고 있으나 하나님께서 이를 허락하셨다는 것입니다.

그러므로 우리는 어떤 가시가 찌를 때 원망하거나 불행이라고 저주하지 말고 하나님이 주신 은혜로 이해하고 받아들이면 쉽게 문제가 풀리고 은혜 가운데 거할 수 있습니다.

바울은 표현할 수 없는 육신의 고통이 가시로 찌를 때, 이를 하나님이 주셨다고 고백하면서 이렇게 깨달았습니다. "자만하지 않게 하려 하심이라." 이 말은 스스로 교만하지 않도록 겸손하게 했다는 것입니다.

바울은 자기가 하나님의 계시를 받은 것이 너무나 컸다고 했습니다. 받은 은혜가 크다 보니 받은 은혜만큼 자만심도 클 수가 있었습니다. 분명히 바울은 영적으로 자만할 조건이 많은 사람이었습니다. 하나님께서 사도 바울의 이러한 자만을 꺾고 겸손한 사람으로 만드시기 위해서 이러한 가시를 허락하셨다는 사실을, 바울은 자신을 찌르는 가시를 통해 알 수 있었던 것입니다.

남의 병은 고치면서 자신의 병은 고치지 못하고, 남에게 능력을 베풀면서 자기에게는 능력을 행할 수 없는 연약한 인간인 것을 알게 하기 위해서, 놀라운 신령한 은사를 주시고 동시에 능력의 한계점을 깨닫게 하신 하나님의 깊은 뜻은 무엇이겠습니까? 바로 가시의 찔림으로 자신의 한계를 깨닫는 겸손과 자만심을 알게 하기 위한 주님의 배려입니다.

 이것을 안 바울의 고백은 무엇입니까? 고린도후서 12장 10절을 보면 "그러므로 내가 그리스도를 위하여 약한 것들과 능욕과 궁핍과 박해와 곤고를 기뻐하노니 이는 내가 약한 그때에 강함이라"고 나옵니다. 아멘. 하나님은 사도 바울에게 받은 은혜가 너무 크기에 자만하지 않게 하기 위해서 가시를 주셨습니다.

 그러나 우리 같은 사람들에게 가시를 주면 받은 은혜마저 다 소멸하고 가시에 찔려서 가시만 남는 불쌍한 사람이 되는 경우가 많습니다.

 저의 경우에도 가시에 찔리면서 저의 교만과 자만심이 치유된 적이 많습니다. 매사에 시비를 걸고 저의 단점을 찾아내어 다른 교인들에게 흉을 보고 비판하는 P안수집사가 있었는데, 그 사람만 보면 좋았던 기분도 사라지고 괜히 우울하고 불쾌해지는 것을 감출 수가 없어서 P집사를 두고 작정 기도를 하였습니다.

"하나님, 저 P집사 때문에 목회를 할 수가 없습니다. 설교도 비판하고, 교회도 비판하고, 목사인 저도 비판하니까 저 사람이 교회를 떠나든지 제게 다른 교회를 주시든지 하십시오" 하고 기도하였더니 주님은 제가 생각한 것과 다른 응답을 주셨습니다.

"둘 다 갈 데가 없다. 그 가시를 누가 받아 주겠느냐. 그리고 너도 미움으로 가득 찬 목회자를 누가 좋아하겠느냐?"

그리고 "네 몸같이 사랑하라고 했지 않느냐. 그러니 네 십자가니 감당해라"는 주님의 응답이었습니다. 이것이 아마도 사도 바울이 받은 응답과 비슷한 것이 아닌가 생각합니다. "내 은혜가 네게 족하도다." 가시가 족한 은혜가 되기 위해서는 내가 죽어야 합니다.

저는 그 후로 P집사를 건드리지 않고 사랑하려고 노력하며 만 3년이라는 시간을 지냈습니다. 그 후로 관계가 좋아지고 P집사도 더는 찌르지 않고 충성하는 성도가 되었습니다. 지금 생각해 보면 교인을 더 사랑하는 목회자로 만들기 위한 하나님이 보내 주신 '가시'가 아니었나 합니다.

가시가 찌를 때는 기도해야 합니다. 하나님께서는 기도할 때 그 가시를 극복할 수 있는 능력을 주시고 그 가시를 의의 면류관으로 바꾸어 주십니다.

하나님의 이러한 훈련을 통해 우리의 자만심이 치유되기도 하고 우리가 겸손해지기도 합니다. 가시가 찌를 때 우리는 겸손해야 합니다. 가시가 찌르는 것은 하나님의 경고입니다. 어떤 가시가 찌르더라도, 내가 겸손해지기 위하여 자신을 죽이면 모든 문제는 해결되고 우리의 삶은 평안해집니다. 자만심을 치유 받고 주 안에서 평강과 기쁨의 삶을 살아가시기를 주의 이름으로 축원합니다. 샬롬!

2018. 4. 6.

33
염려, 불안의 치유

마 6:25-34

"그러므로 내가 너희에게 이르노니 목숨을 위하여 무엇을 먹을까 무엇을 마실까 몸을 위하여 무엇을 입을까 염려하지 말라 목숨이 음식보다 중하지 아니하며 몸이 의복보다 중하지 아니하냐 공중의 새를 보라 심지도 않고 거두지도 않고 창고에 모아들이지도 아니하되 너희 하늘 아버지께서 기르시나니 너희는 이것들보다 귀하지 아니하냐 너희 중에 누가 염려함으로 그 키를 한 자라도 더할 수 있겠느냐 또 너희가 어찌 의복을 위하여 염려하느냐 들의 백합화가 어떻게 자라는가 생각하여 보라 수고도 아니하고 길쌈도 아니하느니라 그러나 내가 너희에게 말하노니 솔로몬의 모든 영광으로도 입은 것이 이 꽃 하나만 같지 못하였느니라 오늘 있다가 내일 아궁이에 던져지는 들풀도 하나님이 이렇게 입히시거든 하물며 너희일까보냐 믿음이 작은 자들아 그러므로 염려하여 이르기를 무엇을 먹을까 무엇을 마실까 무엇을 입을까 하지 말라 이는 다 이방인들이 구하는 것이라 너희 하늘 아버지께서 이 모든 것이 너희에게 있어야 할 줄을 아시느니라 그런즉 너희는 먼저 그의 나라와 그의 의를 구하라 그리하면 이 모든 것을 너희에게 더하시리라 그러므로 내일 일을 위하여 염려하지 말라 내일 일은 내일이 염려할 것이요 한 날의 괴로움은 그날로 족하니라."

이 시대의 대표적인 감정은 아마도 염려, 근심일 것입니다. 그래서 우리는 염려 불안증 시대에 살고 있다고 할 수 있습니다. 즉 염려, 근심으로 불안하지 않은 사람이 없다는 것입니다.

　예수님 당시에도 가난한 시대였습니다. 먹고, 마시고, 입고 하는 모든 문제들로 삶이 불안한 시대였을 것입니다. 지금으로 말할 것 같으면 '어떻게 살아야 하지?' 문제로 늘 불안한 삶이었습니다.

　예수님은 오늘 본문 마태복음 6장 25-34절을 통해서 우리의 기쁨을 빼앗아가는 염려 근심을 버리고 불안과 두려움에서 자유함을 얻으라고 교훈하고 계십니다. 왜 우리에게 염려하지 말라고 하셨습니까? 염려는 우리의 마음을 병들게 하기 때문입니다. 염려는 자신을 시시한 존재로 전락시킵니다. 우리의 인생은 먹고 입는 것, 소유하는 것보다 더 소중합니다.

　본문 말씀 마태복음 6장 25절에 "목숨을 위하여 무엇을 먹을까 무엇을 마실까 몸을 위하여 무엇을 입을까 염려하지 말라 목숨이 음식보다 중하지 아니하며 몸이 의복보다 중하지 아니하냐"라고 했습니다. 이 말씀은 천하보다 소중한 생명을 가진 사람이 시시한 것에 마음을 빼앗기면 되겠느냐는 의미입니다.

마태복음 6장 26-28절을 보면 "공중의 새를 보라 심지도 않고 거두지도 않고 창고에 모아들이지도 아니하되 너희 하늘 아버지께서 기르시나니 너희는 이것들보다 귀하지 아니하냐……너희가 어찌 의복을 위하여 염려하느냐 들의 백합화가 어떻게 자라는가 생각하여 보라 수고도 아니하고 길쌈도 아니하느니라"고 하셨습니다.

자연 만물도 염려 없이 잘 살아가는데 하물며 하나님의 영광을 위하여 창조된 인간이 이것으로 불안해하느냐는 것입니다. 먹고 사는 문제로 염려하고 불안에 떠는 것은 자신을 비참하게 만드는 결과를 만드는 것입니다.

사실 염려는 자신을 불안하게 만드는 아무런 유익이 없는 정신적인 낭비입니다. 그래서 본문 27절에 "너희 중에 누가 염려함으로 그 키를 한 자라도 더할 수 있겠느냐"라고 책망하십니다. 임의로 해결될 일도 없고 더 나아지는 일도 없다는 것입니다. 성경에는 염려하지 말라고 하는 말이 무려 500번이나 기록되어 있습니다. 그만큼 염려는 무익하고, 염려하는 순간 우리들의 마음은 불안해지기 마련입니다.

염려는 강에 미치기도 전에 어떻게 강을 건널까 하는 도강의 수고를 하는 것입니다. 병이 나기도 전에 아프면 어느 병원에 입원할까 하고 고민하는 것입니다. 어떤 분이 '염려는 기한 전에 무는 장래의 가상적 곤란에 대한 이자'라고 말한 적이 있었습니다. 장차 곤란이 오리라는 가상에 대한 고통과 불안의 이자를 지불한다는 것입니다.

오늘 본문 30절을 통하여 주님은 이렇게 말씀하십니다. "오늘 있다가 내일 아궁이에 던져지는 들풀도 하나님이 이렇게 입히시거든 하물며 너희일까보냐 믿음이 작은 자들아" 하고 책망하십니다.

염려는 우리의 마음뿐 아니라 우리의 영혼도 병들게 합니다. 불신자들은 근심할 자격이 있습니다. 그러나 그리스도인들은 자기를 보살펴 주시는 아버지 하나님을 모시고 있기 때문에 근심으로 불안해하는 것은 사실 불신 죄에 해당됩니다. 염려는 하나님의 섭리를 믿지 않는 영혼의 질병입니다.

그러므로 염려는 하나님이 주시는 것이 아닙니다. 근심과 불안은 사탄이 우리 마음속에 심어 주는 정신적인 독약입니다. 디모데후서 1장 7절을 보면 "하나님이 우리에게 주신 것은 두려워하는 마음이 아니요 오직 능력과 사랑과 절제하는 마음이니"라고 했습니다. 근심은 실패와 좌절에 이르게 하고 열등 인생으로 전락시키는 사탄의 무기요 전략이며, 사람을 서서히 말라 죽게 하는 사탄의 독약입니다.

염려는 하나님을 향한 우리의 마음을 병들게 하고 우리를 영적으로도 병들게 합니다. 그뿐 아니라 육체도 병들게 합니다. 오늘날 현대인의 모든 병의 근원은 대부분 정신적인 스트레스라고 합니다. 육체가 병이 들지만 그 병의 뿌리는 마음에 있어 마음의 병이 육체의 병의 원인이라고 합니다. 잠언 15장 13절에 "마음의 즐거움은 얼굴을 빛나게 하여도 마음의 근심은 심령을 상하게 하느니라"고 했습니다.

현대인들에게 전형적으로 나타나는 두 가지 병은 위궤양과 관상동맥혈전증인데, 이것은 염려의 결과로 옵니다. 또 그로 인해 불안해지면 심인성 질병도 함께 온다고 합니다.

우울하거나 슬프고 걱정하는 것보다 웃고 밝은 사람이 건강합니다. 염려는 정신을 쇠약하게 하고, 육체도 병들게 합니다. 또 사람의 분별력이나 판단력도 흐리게 하여 생각도 부정적이 되고 혼란스러운 마음으로 우울해진다고 합니다.

그러면 어떻게 염려를 극복할 수 있습니까?

첫째로 하나님을 믿어야 합니다. 모든 것을 맡기라고 하시는 아버지의 말씀을 믿고 맡겨야 합니다. 어린 자녀는 부모를 전적으로 믿고 의지하기에 염려하지 않습니다. 우리가 하나님 아버지 사랑을 믿고 있다면 염려는 사라질 것입니다. 주님께서 본문 30절에서 "믿음이 작은 자들아" 하신 말씀도 바로 이러한 의미에서 말씀하신 것입니다.

둘째로 항상 감사하는 마음으로 기도해야 합니다. 기도는 맡기는 행위이고 감사는 응답 받은 자의 기쁨입니다. 모든 염려를 기도로 하나님께 고백할 때 불안은 물러갑니다. "아무것도 염려하지 말고 다만 모든 일에 기도와 간구로, 너희 구할 것을 감사함으로 하나님께 아뢰라 그리하면 모든 지각에 뛰어난 하나님의 평강이 그리스도 예수 안에서 너희 마음과 생각을 지키시리라"(빌 4:6-7).

2018. 4. 15.

34
건강한 생각과 마음

잠 4:22-23

"그것은 얻는 자에게 생명이 되며 그의 온 육체의 건강이 됨이니라 모든 지킬 만한 것 중에 더욱 네 마음을 지키라 생명의 근원이 이에서 남이니라."

　작년에 치유 집회에 참석한 어느 젊은 청년이 폐결핵으로 다 죽어가다가 은혜를 받고 건강이 많이 회복된 적이 있습니다. 병원에서는 폐가 다 망가져서 가망이 없다고 했는데 기적적으로 몸이 많이 좋아졌던 것입니다. 숨 쉬기가 힘들고 걷는 것도 어려웠던 그가 아주 가벼워진 몸으로 일상생활을 할 수 있게 된 것입니다.

　기침 때문에 어지럽고 숨이 찼던 그가 증세가 사라지니

까 주님께서 다 낫게 해주셨다는 믿음으로 정말 기쁘게 지내던 중, 자신의 몸이 완전히 나았다는 확신을 갖기 위해 의학적으로도 확인을 받고 싶었습니다. 다니던 병원에 검진을 받으러 갔는데 그가 접한 검진의 결과는 너무나 충격적이었습니다. 의사가 "당신은 지금 폐가 다 망가져서 거의 없는 상태라고 보면 된다. 한쪽 폐는 아예 없어지고 한쪽은 거의 기능이 상실된 상태인데, 지금까지 이런 몸으로 어떻게 지탱했는지 기적 같다"는 얘기를 했다고 합니다.

만약 이 청년이 조금만 더 믿음이 있고 침착하고 편안한 사람이고 자신의 마음을 잘 관리하는 사람이었다면 별 문제는 없었을 거라고 생각됩니다. 믿음으로 주님께 치유 받은 사람이었다면 아마도 이렇게 대답했을 것입니다.

"글쎄요. 저도 이런 몸으로 어떻게 살아왔는지 모르겠네요. 주님의 은혜로 살아온 것 같습니다. 지금까지도 지켜 주셨으니까 앞으로도 지켜 주시겠죠?"

이런 믿음으로 이렇게 생각했다면 아마 별일이 없었을 것입니다. 그러나 청년은 의사 말에 너무나 큰 충격을 받았습니다. "세상에, 폐가 다 망가져 버렸다고요? 나는 다 나은 줄 알았는데" 하고 고민을 하다가 병원에 다녀온 지 3일 만에 쓰러져서 중환자실에 입원했다는 말을 들었습니다.

극단적인 비극의 얘기지만 사실 이와 비슷한 사례를 겪는 그리스도인들이 적지 않은 것 같습니다. 정말 죽을병에 걸리고 불치병으로 고통 받는 사람들이 주님을 만나 기적적으로 치유 받는 일들이 많습니다. 그러나 마음 관리를 잘못해서 다시 원상대로 돌아가 고통 가운데 힘들어하는 사람들도 많이 보았습니다.

본문 말씀인 잠언 4장 23절에는 "모든 지킬 만한 것 중에 더욱 네 마음을 지키라 생명의 근원이 이에서 남이니라"고 했습니다. 우리의 생각과 마음을 어떻게 지키느냐에 따라 우리의 생명이 좌우될 수 있습니다. 현대 의학에 대한, 의사들에 대한 사람들의 믿음은 거의 절대적이기 때문에, 설사 의사가 오진을 했다 하더라도 그것을 그대로 받아들이고 죽는 사람도 있습니다.

현대 의학의 발전을 부정하거나 무시하는 것은 아닙니다. 그러나 의학도 완벽하고 절대적인 것은 아니며, 아직도 인간이 발견하지 못한 질병과 모르는 부분들이 많습니다. 그렇기 때문에 어떤 과거의 통계나 이론을 완전히 신뢰할 필요는 없습니다. 더구나 그것이 부정적인 의견이라면 더욱 그것을 받아들일 때 신중하게 생각하고 마음으로 받아들여야 하겠습니다.

얼마 전에 계란을 많이 먹으면 콜레스테롤 수치가 높아지고 뇌혈관에 치명적인 결과를 가져온다고 해서 계란 먹는 것을 기피한 적도 있었는데, 요즈음은 다시 계란이 몸에 좋다면서 많이 먹기를 권하고 있습니다. 이것뿐만 아니라 좋은 식품이라고 하다가 많이 먹으면 암에 걸릴 확률이 높다는 것들도 많습니다.

무엇을 믿어야 하는지 참으로 불안한 시대에 살고 있는 현대인들입니다. 몸이 건강하고 좋으면 그만인데 사람들은 어떤 서류나 공인된 기관으로부터 확인을 받고 싶어 합니다. 마치 서류나 도장의 확인이 우리의 건강을 보장해 주기라도 하는 것처럼 말입니다. 그러나 그런 서류나 건강 증명서가 우리의 안정과 건강을 보장해 주지는 못합니다. 그러므로 어떤 사람이 비극적인 판정을 받았다고 해서 그것이 완전히 끝이라고 생각하는 것은 잘못된 생각입니다.

우리 생명의 주관자는 하나님이십니다. 생명의 주관자이신 하나님을 믿고 하나님께 소망을 가진 사람은 하나님의 뜻 가운데 모든 생사가 결정됩니다.

현대인들은 자꾸 보고, 만지고, 확인하려고 합니다. 믿더라도 보고 믿으려 하고, 만지고 확인을 하고 믿으려고 합니다. 자기 안에 두려움과 불안이 가득할수록 바깥에서 안심할 수 있는 증거를 찾으려고 노력합니다.

자기 안에 두려움과 불안이 있으면 그것을 해소할 수 있는 환경적인 요소를 찾지만 그것은 그렇게 큰 도움이 되지 않습니다. 아무리 불안을 해소할 수 있는 환경적 요소가 갖추어졌다 하여도 또다시 불안한 상태가 되면 여전히 불안해질 수밖에 없습니다.

자신의 내면에 있는 불안과 두려움을 다스리지 못하고 외면적인 것에 의존하는 사람은 결국 자신의 삶과 환경과 타인의 말에 의해 영향을 받고 영적으로 묶여서 환경과 물질의 노예로 살아갈 수밖에 없습니다. 앞의 청년 역시 타인의 말에 영향을 받아 쓰러져서 중환자실에 들어가는 비극적인 상황에 처한 것입니다.

타인의 말에 의한 두려움의 생각을 받아들이면 우리의 믿음과 은혜는 모두 사라지고 맙니다. 우리는 오직 주님을 바라보고 믿음대로 살아야 합니다. 히브리서 11장 1절 말씀에 "믿음은 바라는 것들의 실상이요 보이지 않는 것들의 증거"라고 했습니다. 믿음의 실상은 우리가 소원하는 것들이 이루어지는 것입니다. 우리가 힘들고 급할 때 하나님 앞에 무릎 꿇고 기도하는 것보다 더 좋은 방법은 없습니다. 우리는 건강과 행복을 지키기 위하여 먼저 자신의 마음과 생각을 잘 지키고 좌우로 흔들리지 않는 믿음으로 기도해야 합니다.

부정적인 생각과 마음은 부정적인 신체 변화를 가져오고, 긍정적인 생각과 마음은 긍정적인 신체 변화를 가져옵니다. 흔들리지 않는 마음과 믿음으로 건강한 삶을 영위하시는 여러분이 되시기를 주의 이름으로 축원합니다.

2018. 4. 22.

35
악감은 버리고 삽시다

삼상 18:7-8

"여인들이 뛰놀며 노래하여 이르되 사울이 죽인 자는 천천이요 다윗은 만만이로다 한지라 사울이 그 말에 불쾌하여 심히 노하여 이르되 다윗에게는 만만을 돌리고 내게는 천천만 돌리니 그가 더 얻을 것이 나라 말고 무엇이냐 하고."

● ✝ ●

사무엘상 18장 7-9절을 보면 "여인들이 뛰놀며 노래하여 이르되 사울이 죽인 자는 천천이요 다윗은 만만이로다 한지라 사울이 그 말에 불쾌하여 심히 노하여 이르되 다윗에게는 만만을 돌리고 내게는 천천만 돌리니 그가 더 얻을 것이 나라 말고 무엇이냐 하고 그날 후로 사울이 다윗을 주목하였더라"고 했습니다.

사울 왕은 두려워했던 블레셋과의 전쟁에서 혜성처럼 나

타난 다윗의 활약으로 큰 승리를 거둡니다. 그러나 그의 기쁨은 얼마 가지 않아 여인들의 환호성 때문에 순식간에 사라집니다. 자신과 다윗을 비교하여 부르는 여인들의 노래를 통해, 다윗이 자신의 부하가 아니라 경쟁자이고 정적이라고 생각합니다. 하지만 속으로만 화를 내고 겉으로는 드러내지 않습니다. 이러한 악감으로 결국 마귀에게 틈을 주어서 다윗을 죽이려고 창을 던지고, 다윗이 이것을 피해 도망 다니는데도 불구하고 마음에 적대감으로 끝까지 죽이려 하다가 오히려 자신이 멸망하고 맙니다.

분노, 미움, 시기, 질투, 억울함, 적대감, 서운함이나 한 같은 마음을 불쾌한 악감이라고 할 수 있습니다.

얼마 전에 어느 여 집사님께서 자신 내면에 있는 분노 때문에 상담을 요청한 일이 있었습니다. 이분은 몹시 내면적인 성향을 가졌는데, 바깥에서 받은 스트레스로 사랑하는 가족들에게 분을 푸는 경향이 있어서 이것이 몹시 고통스럽다고 하소연했습니다.

예를 들어, 동네에 있는 큰 슈퍼마켓에 들러서 주방세제를 하나 구입하여 나오는데 그날따라 사람들이 많아서 줄을 서야 했습니다. 다른 사람들은 바구니나 카트에 물건들을 가득 쌓은 놓은 상태인지라 세제 하나 사는 거라면 살짝 양보도 할 수 있을 텐데 아무도 양보를 하지 않습니다. 만일 이분이 감정 표현이 자연스러운 사람이라면 앞의 사람에게 애교스럽게 살짝 웃으며 이야기를 해 양보를 구했을 것입니다. 하지만 몹시 내성적인 분이어서 모르는 사람에게 그렇게 말을 하는 것이 어렵고 쑥스러웠습니다.

속이 상하지만 꾹 참고 차례대로 기다렸습니다. 문제는 계산을 끝내고 집으로 돌아오는 길에 양보하지 않은 앞의 사람들에 대한 분노가 치밀어 오르면서 기분이 나빠진 것이었습니다. 집으로 돌아온 그녀는 내면의 분노를 자녀에게 폭발시키고 말았습니다. 밥을 먹고 그릇을 치우지 않은 중3 딸에게 버럭 소리를 지릅니다.

"너는 니가 먹은 밥그릇도 못 치우니! 엄마가 파출부냐……." 그러자 딸아이도 짜증을 냅니다. "엄마는 왜 오자마자 소리를 지르고 난리야. 나 지금 방금 왔단 말이야." 방 안에서 게임을 하고 있는 중1 아들에게도 고함을 지릅니다. "너는 언제까지 공부는 안 하고 그렇게 게임만 하고 있을래!" 아들 역시 짜증스럽게 대꾸합니다. "어이구, 지겨워. 조금 머리 식혔다가 공부하면 되잖아" 하고 씩씩댑니다.

이분의 말은 이렇게 바깥에서 받은 스트레스나 불쾌감을 사랑하는 가족에게 풀 수밖에 없는 자신의 성격이 너무 괴롭다는 것입니다.

세상에는 불쾌한 일이 자주 생깁니다. 저 같은 경우에도 이유 모를 분노로 한때 상당히 괴로울 때가 있었습니다. 저는 '김한기'가 '김혈기'라고 불릴 정도로 혈기와 분노가 많은 사람이었습니다. 누가 예의 없이 깜박이를 켜지 않고 추월하면 지구 끝까지 쫓아가서 앙갚음을 해야 속이 풀리는, 요즈음 말로 보복운전 원조라고 할 수 있을 정도로 분노가 강하게 나타났던 사람입니다.

물론 지금은 주님을 만나서 목회자로 변화되었지만 아직도 2퍼센트 부족해서 그런 성질머리가 조금은 남아 있는 것 같습니다. 상담하신 여집사님이나 저나 다 똑같은 마음이지만, 이러한 불쾌한 마음으로 타인에 대한 부정적인 감정을 쉽게 받아들이는 것이 과연 타당한 것일까요? 불쾌한 적대감이나 분노, 원망, 불평 등의 부정적인 악감을 품는 것은 마치 독약을 먹는 것과 같습니다. 다른 사람이 양보를 하지 않거나 새치기를 하는 것은 잘못된 일이지만, 그보다 더 나쁜 것은 그러한 일로 나 자신이 불쾌한 악감을 마음에 품는 것입니다.

저는 예의 없이 운전하거나 난폭 운전으로 저를 추월해서 달리는 차를 따라가다가 '내가 왜 이러지' 하고 돌아선 적이 있었습니다. 그때 얼마나 마음이 편안하고 자유로운지 하나님께 감사한 적이 있습니다. 그 후로부터 나를 추월하는 차를 보면 '아주 바쁜가 보다' 하고 마음이 편안해지면서 이해하고 양보를 하게 되었습니다.

상담을 청한 집사님에게도 이러한 말씀을 전했습니다.
"집사님, 그럴 때는 '하나님이 나의 인내심을 보고 계시는구나' 하고 오히려 여유 있게 대처하시면 내면의 분노는 절대로 생기지 않을 것입니다."

그렇습니다. 어떠한 불쾌한 상황이 닥친다 해도 그것을 새로운 각도로 이해하고 긍정적으로 적용하면 마음에 내재되어 있는 부정적인 악감은 모두 사라지고 말 것입니다. 무엇이든지 객관적으로 보며 자신의 입장에서 생각하고 판단하지 말아야 합니다. 주님의 마음으로 나를 조명해보고, 내 안에 조금이라도 어둡고 불쾌한 감정이 있다면 모두 정리하고 처리하는 기도를 하면 영육 간에 평강과 기쁨의 삶이 주어질 것입니다.

  내성적이고 심령이 약한 사람일수록 악성 감정을 속에 많이 가지고 있습니다. 상처 받은 부분들을 표현하지 못하고 마음속 깊이 간직하며 속앓이 병에 걸린 사람들을 우리 주변에서 흔히 볼 수 있습니다.

  우리는 살면서 내 마음에 쏙 드는 사람만 만나지 않습니다. 세상에는 악한 사람들도 많습니다. 하지만 그들을 미워하거나 원망하거나 분노의 대상으로 삼으면 안 됩니다. 주님께서 우리에게 그렇게 하라고 가르치신 적이 없기 때문입니다.

  오히려 원수를 사랑하고 그들을 긍휼히 여기는 마음을 주셨습니다. 부디 악감을 버리십시오. 악감을 버리면 버릴수록 주님이 허락하신 영혼의 자유와 평강의 삶을 살아가는 천국을 느끼게 됩니다. 할렐루야! 승리합시다!

2018. 4. 27.

36
잠재된 부정적인 생각

마 12:35

"선한 사람은 그 쌓은 선에서 선한 것을 내고 악한 사람은 그 쌓은 악에서 악한 것을 내느니라."

●　✝　●

얼마 전에 필리핀 휴양지 명소로 불리는 보라카이의 폐쇄에 대한 보도가 있었습니다. 해양 환경오염 때문에 필리핀 대통령의 행정 명령으로 보라카이 관광지를 폐쇄한다는 것입니다.

보도 영상을 보니까, 관광객들이 버린 오물과 쓰레기들이 바다 밑바닥에 산더미처럼 쌓여서 바다 생물들이 죽어가고 바다가 오염되어 악취가 나서 더 이상 관광지로서 명맥을 유지할 수 없다는 것입니다.

비단 보라카이만이 아니라 우리나라 최고의 휴양지인 제주도도 지금 비슷한 환경으로 바다가 죽어가고 있다고 합니다. 겉으로 보기에는 여전히 아름다운 풍경을 자랑하고 있지만 그 밑바닥에 가라앉아 있는 오물과 쓰레기는 결국 청정해역을 오염시키고 서서히 황폐시키고 있습니다.

사람의 마음과 생각도 마찬가지입니다. 겉모습은 멀쩡해도 사실은 잠재의식에 가라앉아 있는 오염된 부정적인 생각은 그 사람을 병들게 하고 파멸시키는 원인이 될 수 있습니다. 사람들의 마음의 바닷속에는 많은 쓰레기가 쌓여 있습니다. 그 쓰레기들이 언제 생겼는지, 우리에게 어떤 영향을 끼치고 있는지 우리는 잘 모릅니다. 오염된 부정적인 상념들이 우리의 삶을 불행하게 만든다는 것은 분명한 사실입니다.

어떤 사람은 별것 아닌 일에 몹시 격분하고, 어떤 사람은 별것 아닌 일에 불안해하고 몹시 두려워합니다. 어떤 이는 타인의 조그마한 비판에도 강력하게 자기방어를 하며, 어떤 이는 가벼운 농담에도 넘어가지 못하고 마음에 깊은 상처를 받습니다. 그 이유는 무엇일까요? 왜 다른 사람들은 아무것도 아닌 일로 여기는 문제들을 어떤 사람은 참지 못하고 과잉 반응을 보일까요? 천성이 악하거나 아직 어리고 철이 들지 않아서 그럴까요?

저는 이 모든 문제는 그 사람의 잠재의식 속에 가라앉아 있는, 오염된 쓰레기 같은 부정적인 의식이 영향을 주는 것이라고 봅니다. 우리가 알지 못하는 가운데 우리 안에 쌓여 있는, 쓰레기 같이 오염된 생각들이 있습니다. 그것들은 우리가 인식하지 못할 때도 우리 안에서 활동하고 있습니다. 그것이 우리를 계속 만들어 가며 우리의 이미지와 분위기에 영향을 끼칩니다.

우리는 자기 자신 속에 어떠한 생각과 의식이 입력되어 있는지 생각해 보고 조사해 보아야 합니다. 지울 것은 지우고, 교정할 것은 교정하고, 새로 채워 넣어야 하는 것은 새롭게 채워 넣어서 오염되지 않은 청결한 마음으로 바꾸는 것이 바로 새롭게 변화되는 것입니다.

고린도후서 5장 17절을 보면 "그런즉 누구든지 그리스도 안에 있으면 새로운 피조물이라 이전 것은 지나갔으니 보라 새것이 되었도다"라고 나옵니다. 우리의 오염된 생각과 마음의 부정적인 요소는 오직 예수님만이 새롭게 치유하여 변화 시킬 수 있습니다.

어떤 사람은 자신의 마음의 바다에 무엇이 가라앉아 있는지는 파악하지 않고 그저 모든 고통의 원인을 바깥 환경 때문이라고 항변하기도 합니다. 그러나 환경은 결코 고통의 근본 원인이 아닙니다. 근원은 오직 그의 마음속에 쌓여 있는 생각이며, 그가 그 생각과 마음을 바꾸지 않는 한 새롭게 변화될 수 없습니다.

마태복음 12장 35절을 보면 "선한 사람은 그 쌓은 선에서 선한 것을 내고 악한 사람은 그 쌓은 악에서 악한 것을 내느니라"고 했습니다. 사람은 그 마음에 들어 있는 것이 나오기 마련입니다. 그 사람 속에 만일 쓰레기가 쌓여 있다면 쓰레기밖에 나올 것이 없고, 그 사람 안에 고귀함이 쌓여 있다면 고귀함이 나올 것입니다.

어떤 사람은 자신의 마음속에 들어가는 것을 두려워합니다. 그래서 혼자 있거나 고요한 시간을 가지는 것을 피해서 자꾸 쾌락적이고 흥미로운 것을 찾아서 바깥으로 도망다니며 방황하는 것을 보았습니다. 그러나 자기가 아무리 바깥으로 도망치고 그것을 인식하지 않는다 하여도 이미 마음속에 쌓여 있는 쓰레기는 계속 마음속의 바다를 오염시키고 있는 것입니다.

한 번 잠재된 부정적인 생각은 마치 바닷속에 가라앉아 있는 오염물질처럼 절대로 사라지지 않습니다. 치우거나 소멸시키지 않는 한 부유물로 떠다니게 됩니다. 오물 위에 임시로 흰 보자기를 덮어 놓아도 냄새가 나기는 마찬가지입니다. 그러므로 제거하고 깨끗이 청소하지 않는 한 우리들의 의식 속에 잠재되어 있다가 언젠가는 다시 드러나는 일이 주기적으로 반복될 것입니다.

우리는 우리 속에 무엇이 들어있는지 깊은 관심을 가져야 합니다. '왜 이렇게 불안한가?' 하는 생각이 계속 든다면 그 불안의 원인이 무엇인지 관심을 가져야 합니다. '왜 이렇게 화가 나는가?' 하면 분노하는 원인에 대하여 관심을 가져야 합니다. 누군가를 미워하며 '왜 이렇게 미운 마음이 들까?' 한다면 그것에 관심을 가져야 합니다.

누군가 "그까짓 거 다 잊어버리세요. 그리고 다시 시작하세요" 하더라도 내 안에 있는 상처가 무엇인지를 살펴보아야 합니다. 잊어버리려는 노력을 할 게 아니라 그것을 절단하고 버리려고 하는 노력이 필요합니다. 속에 있는 것을 끄집어내는 노력을 해야 합니다. 지금 당하고 있는 일과 잠재의식 속의 것들이 서로 타협하지 못하도록 해야 합니다.

잠재되어 쌓여 가는 부정적인 생각이나 의식은 소멸하거나 버리기가 쉽지 않습니다. 우리는 생각으로는 '이래서는 안 돼' 하면서도 무의식적으로 죄를 범할 때가 많습니다. 안 해도 될 말과 행동을 하는 것 등 모든 것이 잠재된 부정적인 마음과 생각에서 일어나는 현상입니다.

마음의 밑바닥에 쌓여 있는 쓰레기 같은 오염된 부정적인 생각을 잘 분별하고 처리하는 과정을 거치면 우리는 새롭게 변화되어 새로운 인생을 살아가는 아름다운 그리스도인이 될 수 있습니다. 긍정적이고 창조적인 아름다운 삶을 영위하시는 여러분이 되시기를 주님의 이름으로 축원합니다.

2018. 5. 7.

37
자기방어 선택권

> 갈 6:7-8

"스스로 속이지 말라 하나님은 업신여김을 받지 아니하시나니 사람이 무엇으로 심든지 그대로 거두리라 자기의 육체를 위하여 심는 자는 육체로부터 썩어질 것을 거두고 성령을 위하여 심는 자는 성령으로부터 영생을 거두리라."

● ✝ ●

　인간은 자신에게 닥친 불안에 대해 자기 보호적인 다양한 반응을 보입니다. 자기에게 주어진 삶에 있어서 자신이 원하지 않는 것을 거절하거나 방어하거나 처리할 때, 자신을 옹호하고 보호하려는 자아방어 결정권이 있습니다.

　자신만이 자신의 상처를 더 키울 수도 있고, 그 상처를 치유할 수도 있습니다. 이것은 자기를 지키려는 자아 방어 선택에 의해 결정되는데, 자기를 지키려는 자아가 갖는 수

단이요 삶의 본능이라고도 할 수 있습니다.

많은 사람들이 피해의식을 가지고 살아갑니다. '나는 상처받은 사람이다', '나는 환경의 피해자다'와 같은 생각에 사로잡혀 있는 현대인들이 많다 보니 요즈음 내적 치유에 관한 책이나 치유 세미나에 대하여 많은 관심을 가집니다.

우리 내면에 깊이 숨겨진 마음속의 상처를 드러내어 치유하는 내적 치유는 우리의 삶을 새롭게 하는 활력소가 되지만 조심해야 할 한 가지 문제점이 있습니다. 치유 받는 사람이 자신을 다른 사람에 의한 피해자로서 수동적인 존재로서만 인식하고 느낀다면 원망이나 분노와 같은 감정의 부작용을 일으킬 수 있다는 것입니다.

만약 어떤 이가 타인의 일방적인 잘못에 의하여 자신의 삶이 비참해졌다고 여긴다면, 상대가 용서를 청하거나 반성을 하기 전까지는 그를 용서하고 받아들이기가 어려울 것입니다. 이런 식으로 자신을 수동적인 존재로 여긴다면 그는 다른 사람들의 태도나 행동에 의해서 삶이 지배 당하고 마는 비참한 존재가 될 것입니다. 그러므로 자기방어 결정권에 있어서 수동적인 자세는 좋지 않은 태도입니다.

사람이 환경이나 다른 사람에 의해서 일방적으로 피해를 입으며 삶이 결정된다는 것은 진리가 아닙니다. 우리는 우리의 삶을 얼마든지 바꿀 수 있습니다. 인간은 결코 환경이나 타인의 피해자가 아니며, 피동적인 존재가 아닙니다. 사람은 자신의 생각과 감정을 결정하며, 환경에 대하여 자신의 반응을 결정할 수 있는 능동적인 존재입니다. 내적인 치유는 우리의 고통스러웠던 과거로 돌아가서 자신의 능동적인 자유의지를 사용함으로 그 과거의 충격이나 상처에서 벗어날 수 있다는 사실을 보여주는 것입니다.

그러므로 진정한 의미에서, 타인이나 환경은 결코 우리에게 상처를 주지 못합니다. 오직 자신만이 자신에게 상처를 줄 수 있습니다. 오직 자신만이 자신을 불행하게 만들 수 있다는 것입니다. 분노, 미움, 억울함, 원망 등을 받아들이는 것은 자기 자신이지 결코 환경이나 타인이 아닙니다.

마귀는 끊임없이 우리에게 악한 생각과 감정을 넣어 주고 불러일으켜 죄를 범하게 하지만 그것을 받아들이는 것은 나 자신이지, 그것을 결코 환경이나 사람의 탓으로 돌려서는 안 됩니다.

원망이나 불평을 받아들이는 사람은 일평생 악한 영에

사로잡혀 시달리며 어둠의 사람으로 살아가게 됩니다. 용서하지 못하고 미움과 적대감을 품고 받아들인 사람도 일생 동안 악한 영에게 시달리며 어둠 가운데 살아가야 합니다. 이러한 현상은 나 자신이 어둠의 생각과 마음을 받아들인 결과입니다.

본문 말씀인 갈라디아서 6장 7-8절을 보면 "스스로 속이지 말라 하나님은 업신여김을 받지 아니하시나니 사람이 무엇으로 심든지 그대로 거두리라 자기의 육체를 위하여 심는 자는 육체로부터 썩어질 것을 거두고 성령을 위하여 심는 자는 성령으로부터 영생을 거두리라"고 했습니다.

자기 인생의 주인은 자기 자신입니다. 모든 행불행도 주관적이라고 봅니다. 무엇을 선택하고 결정하느냐에 따라 빛 가운데 살아갈 수도 있고, 어둠에 사로잡혀 불행한 삶을 살아갈 수도 있습니다. 그래서 "무엇으로 심든지 그대로 거두리라"는 불변의 진리의 말씀이 우리에게 주어진 것입니다.

성경의 예로, 젊은 시절의 모세는 애굽의 왕자였으나 영적으로는 나약하고 두려움이 많았습니다. 그러나 하나님의 임재를 경험한 후 그는 완전히 변화되었습니다. 그는 하나님의 명을 받고 다시 추방되었던 애굽으로 갔습니다.

애굽은 그에게 수치의 장소였고 왕자의 신분에서 범죄자의 신분으로 쫓겨나는 굴욕적인 곳입니다. 그뿐 아니라 바로는 그에게 두려움과 공포의 대상입니다. 그러나 변화된 모세는 더 이상 이러한 환경과 사람을 두려워하지 않았습니다. 과거에 그가 두려워하고 놀라서 도망했던 그 자리에서 그는 당당하게 바로와 맞섰습니다.

그는 성숙한 하나님의 사람으로서 과거와 확연히 다른 태도를 보여주었습니다. 똑같은 애굽 땅, 동일한 권세와 능력을 가진 바로였지만, 변화된 모세는 동일한 상황에서 이전과는 다르게 당당하고 권세 있는 행동으로 의연하게 이스라엘 민족의 지도자로 나설 수 있었습니다.

우리도 모세와 같이 될 수 있습니다. 우리도 주님의 은혜와 권능을 체험하고 과거에 두려워했고, 좌절했던 동일한 문제에 대해서 의연하고 당당하게 행동하고 생각할 수 있는 결정권이 있습니다. 그것은 곧 자기 자신의 선택에 달려 있습니다.

지금 이 순간에도 많은 사람들이 자신을 스스로 피동적인 존재로 격하시켜 스스로 불행을 선택하고 있습니다. "나는 그렇게 될 수밖에 없다"고 하며 열등감 내지 자기 비하에 빠져 자포자기하거나 여러 가지 변명으로 일관하는 불행한 사람들을 주위에서 찾아볼 수 있습니다.

자신의 인생을 환경이나 타인의 결정에 맡기지 말고 스스로 선택하여야 합니다. 죽고 사는 것도, 망하고 흥하는 것도, 성하고 쇠하는 생사와 흥망성쇠의 모든 선택과 결정은 자기 자신이 하는 것입니다. 오직 자신의 선택과 결정에 행복과 불행의 삶이 주어집니다. 아름다운 결정으로 더 풍성하고 자유로운 은총의 삶이 되기를 기원합니다.

2018. 5. 11.

38
욕심의 감옥

약 1:14-15

"오직 각 사람이 시험을 받는 것은 자기 욕심에 끌려 미혹됨이니 욕심이 잉태한즉 죄를 낳고 죄가 장성한즉 사망을 낳느니라."

본문 말씀은 야고보서 1장 14-15절 말씀입니다. "오직 각 사람이 시험을 받는 것은 자기 욕심에 끌려 미혹됨이니 욕심이 잉태한 즉 죄를 낳고 죄가 장성한 즉 사망을 낳느니라." 아멘.

우리는 욕심의 감옥에서 해방되어야 합니다. 우리의 마음이 쫓기고 불안한 중요한 이유는 경쟁 때문입니다. 그리고 그 경쟁의 이유는 바로 욕심 때문입니다.

우리나라 부모들이 다른 나라 부모들보다 교육열이 높은

이유는 명문 대학에 보내기 위함입니다. 명문 대학을 보내려는 이유는 좋은 직장에 가게 하기 위함입니다. 여기서 좋은 직장이란 돈을 많이 벌 수 있는 직장을 말합니다. 그래서 중소기업에는 인재들이 부족하고 대기업에는 취직하려는 인재들이 넘쳐난다고 합니다.

여성들도 돈을 많이 가지고 있고 돈을 많이 벌 수 있는 남자들을 좋은 배우자감으로 선택합니다. 돈이 많으면 좋은 집, 좋은 차, 많은 물건을 가질 수 있고, 힘든 일을 하지 않아도 즐겁고 화려하게 살 수 있다는 것입니다. 결국 경쟁을 하는 근원적인 이유는 돈과 소유에 대한 욕심에서 나오는 것입니다.

사람들이 부동산 투기, 증권 투기 등에 시달리는 것도 돈에 대한 물질 욕심 때문입니다.

자본주의 사회는 이와 같이 돈에 대한 사람들의 욕망을 근거로 하여 세워진 것입니다. 한마디로 우리는 창살 없는 거대한 욕망의 감옥에 갇혀 살아가고 있다고 해도 과언이 아닙니다. 진정 우리가 마음의 평화를 얻기 원한다면, 생각의 감옥에서 해방되기 원한다면, 우리는 이 돈과 물질의 욕심이라는 감옥에서 벗어나야 합니다.

욕심에서 해방된 사람은 돈을 사랑과 섬김의 도구로 사용할 수 있지만 욕심의 감옥에 갇혀 있는 사람은 물질과 돈의 종이 되어 돈에게 그의 영혼이 억압을 당합니다. 물질이 오히려 무서운 재앙이 되는 것입니다.

이 땅에는 가난한 사람들이 많습니다. 그러므로 어떤 사람이 돈이 많다고 해서 가난한 사람들을 무시하거나 돌아보지 않고 오직 자기만을 위해서 돈의 허세를 부린다면 거기에는 반드시 심판이 따를 것입니다.

요즈음 대기업의 자녀가 직원들에게 갑질을 하다가 곤욕을 치르는 사건들이 심심찮게 보도되고 있습니다. 이 모든 것들이 이러한 이유로 심판을 받는 것입니다.

본문을 보면 부자들이 재물을 쌓는 것에 대한 심판의 말씀이 나옵니다. 가난한 사람들이 울고 있는데 그것을 무시하고 자신의 부를 축척하는 것에만 마음을 쓰고 있는 이들에 대한 경고의 말씀인 것입니다.

그러므로 물질의 여유가 있고 많다는 것은 그만큼 나누어 주어야 할 의무가 있다는 것을 의미합니다. 그러니 열심히 돈을 벌고 부가 많아질수록 그 사람은 그러한 의무가 많이 생기는 것입니다.

  가난한 사람은 상대적으로 이런 의무에서 자유로울 것입니다. 나누어 줄 것이 없기 때문입니다. 그러나 그가 아무리 가난해도 더욱더 가난한 사람들이 있습니다. 그러므로 가난한 사람들도 자기보다 더 가난한 사람들을 도와야 합니다.

  충북 음성군에 꽃동네라는 사회복지시설이 있습니다. 꽃동네는 오웅진 신부와 최귀동 할아버지의 운명적인 만남에서부터 시작되었습니다.

  1976년 5월 3일 오웅진 신부는 충북 음성군에 위치한 무극천주교회 주임신부로 부임하였습니다. 어느 날 오 신부는 동네 사람들에게 다리 밑에서 쫓겨나 용담산 밑에서 움막을 치고 생활을 하던 걸인들을 보았습니다. 움막 안에는 얻어먹을 힘조차 없어 죽어가는 걸인들 다섯 가구 열여덟 명이 살고 있었는데, 최귀동 할아버지가 구걸해 온 음식을 그들에게 나누어 주는 모습을 보았습니다.

  최귀동 할아버지의 헌신적인 베풂을 통해 오웅진 신부는 '얻어먹을 수만 있어도 그것은 주님의 은총'임을 깨닫고 그들을 도왔습니다. 그곳에 자신의 사비를 털어 1979년 11월 15일 방 다섯 개의 작은 규모의 벽돌집으로 사랑의 공동체를 시작하였는데, 그것이 꽃동네입니다. 지금은 복지시설로는 규모가 가장 큰 음성군 꽃동네가 되었습니다.

 돈이 없어서 남에게 물질적인 선물을 주는 것이 어렵다면 미소와 친절을 주면 됩니다. 외로운 사람의 친구나 말벗이 될 수도 있고 사랑을 나누어 주고 같이 울 수도 있습니다. 우리는 돈이 없어도 얼마든지 세상을 행복하게 살 수 있습니다.
 자식을 학원에 보낼 돈이 없다고 괴로워할 필요가 없습니다. 보낼 돈이 없으면 안 보내면 그만이고, 학원에 보내지 않았다고 자녀의 인생이 불행해지거나 끝이 나는 것은 아닙니다. 사람들은 흔히 돈이 있어야 자식을 잘 키울 수가 있다고 생각합니다. 그러나 그것은 사실이 아닙니다. 돈으로 자식을 뒷바라지하는 것이 부모의 가장 중요한 의무라고 할 수는 없으며, 돈이 없어도 부모가 해줄 수 있는 것이 아주 많습니다.
 진정한 사랑으로 자식의 장래를 위하여 올바른 신앙 교

육이나 인격 교육 등 부모가 실제적으로 해줄 수 있는 사랑의 교육이 많이 있습니다. 돈이 없어 부모의 역할을 잘할 수 없다는 죄책감이나 자책감을 가질 필요가 없습니다. 대학 보낼 돈이 없다고 고통스러워할 필요는 없습니다. 대학에 가지 않는다고 해서 하나님께서 버리는 것도 아니고 오히려 자신의 소질을 살려서 전문 분야에서 성공하는 사람들을 우리는 많이 볼 수 있습니다.

저 같은 경우에는 8남매의 장남으로 태어나서 어릴 때 많은 어려움들이 있었습니다. 가난하고 힘든 가정을 이끌어 나가시는 아버지는 우리에게 어려울 때마다 기도하는 모습을 늘 보여주셨습니다. 그러한 신앙적인 교육 덕분에 오늘 저라는 존재가 탄생한 것입니다.

군대 있을 때 아버지가 소천하셨지만 늘 기도해 주시고 주님 안에서 사랑하며 살아가는 좋은 모습을 우리에게 가르쳐 주신 덕분에 우리 남매 모두는 자립하였습니다. 모든 형제자매가 훌륭하게 성장하여 각자 자신의 일에 보람을 느끼며 살아가고 있음에, 아버지의 훌륭한 가정교육에 지금도 감사를 드립니다.

우리는 그다지 많은 것을 가지지 않아도 행복하고 기쁘게 살아갈 수 있습니다. 큰 목표를 가질 필요는 없습니다. 주어진 것에 감사하며 살아가는 진정한 삶의 태도가 필요합니다. 남보다 경쟁에서 뒤처졌다고 불안해하거나 슬퍼할 필요는 없습니다.

　'이 나이에 내가 해 놓은 것이 무언가' 하며 고민할 필요도 없습니다. 그것은 세상 사람들이 하는 부질없는 생각입니다. 그러한 생각은 경쟁의 생각이며, 비교의 생각이며, 피곤과 긴장을 일으키는 요인이 됩니다. 주어진 것에 만족하고 자족하는 삶을 영위하십시오.

　욕심의 감옥에서 벗어나고 해방될 때 우리는 우리의 마음과 삶을 괴롭히는 많은 문제에서 벗어날 수 있습니다. 마음의 평강과 자유를 누리며 살아가는 행복한 삶이 되시길 주님의 이름으로 축원합니다.

2018. 5. 18.

이제는 내가 사는 것이 아니요 오직 내 안에 그리스도께서 사시는 것이라 (갈2:20)

김한기 목사의 목요 실생활 영성 세미나

새생명교회 본당
(춘천 교육대학교 정문 맞은편)

영적으로 시달리고
병들고
고통당하고 계십니까?
오셔서 문제해결 받으십시오.

김한기 목사
은혜성산교회 당회장
새생명교회 담임
춘천엘림수양관 관장
CTS "상한마음의 치유" 설교자
CTS "빛으로 소금으로" 설교자
극동방송 "은혜의 동산" 설교자
C채널 "상한심령의 치유" 설교자

C채널 기독교TV [방송중]
김한기 목사
상한심령의 치유

일 시
매주(목) 오후2시~5시

강의내용
연약한 심령으로 인한 증세와 질병
영적인 실제

등록비
회비무료(자유헌금)

차량안내
춘천이마트(PM1:00) / 남춘천역(PM1:10)

대한예수교 장로회
새생명교회

춘천시 공지로 125 (춘천교대정문 맞은편)
☎ (033) 262-0190
(부설)엘림수양관 ☎ (033) 244-1270

크리스천TV C채널 방송 100회 기념

상한 심령의 치유 2

1판 1쇄 인쇄 _ 2018년 9월 10일
1판 1쇄 발행 _ 2018년 9월 15일

지은이 _ 김한기
펴낸이 _ 이형규
펴낸곳 _ 쿰란출판사

주소 _ 서울특별시 종로구 이화장길 6
편집부 _ 745-1007, 745-1301~2, 747-1212, 743-1300
영업부 _ 747-1004, FAX 745-8490
본사평생전화번호 _ 0502-756-1004
홈페이지 _ http://www.qumran.co.kr
E-mail _ qrbooks@gmail.com / qrbooks@daum.net
한글인터넷주소 _ 쿰란, 쿰란출판사
등록 _ 제1-670호(1988.2.27)
책임교열 _ 이화정·김영미

ⓒ 김한기 2018   ISBN 979-11-6143-184-0 94230
                979-11-6143-182-6 (세트)

책값은 뒤표지에 있습니다.
이 출판물은 저작권법에 의해 보호를 받는 저작물이므로 무단 복제할 수 없습니다.
파본(破本)은 구입처에서 교환해 드립니다.